渋沢栄一の「士魂商才」

寺島　実郎
［監修］
古川　順弘
［著］

中経の文庫

この本のあらすじ

不況だ、不景気だと世の中が騒がしくなり、あるいは大企業の不祥事が続いたりすると、危機を乗りきるためのモデルとして、決まったように引き合いに出される人物がいます。――「日本資本主義の父」と称される、渋沢栄一《しぶさわえいいち》（一八四〇～一九三一）です。

明治維新後に日本の実業界の牽引車《けんいんしゃ》となった栄一は、生涯に五百以上もの会社の起業に携わり、経営者として辣腕《らつわん》をふるいました。でも、彼が評価されるのは、たんに「たくさん会社をつくったから」ではありません。

自分の富を築くことに淡泊だった栄一は、営利をエネルギー源とする「商＝ビジネス」の世界が、ともすると人間の欲望を際限なく肥大化させて暴走する危険性を、よく見抜いていました。そして、法律や人為的な規制では、そうした欲の増殖を抑えることに限界があるということも、見抜いていました。

そこで栄一が選んだのは、人類に普遍的なルールである道徳倫理によって、ビジネスの世界をコントロールすることでした。

具体的には、幼少期に頭にたたきこまれた『論語』の精神をビジネスに活用することを唱え、「『論語』と算盤《そろばん》」「士魂商才《しこんしょうさい》」といったキャッチコピーをたくみに使って、経済界のモラル向上を強く訴えました。そして「経済と道徳のバランスをとって資本主義の暴走を防がなければ、真の意味で社会を豊かにすることはできない」と唱え、自身も企業家として、その道を実践したのです。

渋沢栄一が世を去って、八十年近い歳月が流れようとしています。リーマン・ショック以後、未曾有《みぞう》の危機に見舞われている日本経済を、いや世界経済を栄一が見たら、何を思い、どんな言葉を口にするでしょうか。

この日本近代ビジネスのトップリーダーの肉声をひろいながら、「日本ビジネスの原点」に立ち返り、日々の仕事や現実を見直してみよう。——本書は、そんな意図をこめてまとめられています。

なお、第4章には栄一の小伝を収めました。栄一の生涯や事績についてあまり予備知識のない方は、まずこちらからお読みいただくことをおすすめします。

監修者の言葉　あらためて渋沢栄一を思う――日本資本主義の原点に立つ

寺島　実郎（財団法人日本総合研究所会長）

　およそ歴史に名を残した偉人、とりわけ経済界の大御所なる人物の伝記ほど虚飾に満ちたものはなく、生身の人物に迫ると無残なまでに内実の乏しい人物像に行き当たることが多いが、この渋沢栄一という人は姿勢を正さずにはいられぬような光を放っている。とりわけ「グローバル資本主義」といわれる現代の資本主義が、過剰なまでのマネーゲームに傾斜した腐臭を放つなかで、日本の資本主義の原点に立つ渋沢栄一の足跡は我々の進路に強く何かを訴えている。

　渋沢栄一は天保《てんぽう》十一年（一八四〇）、現在の埼玉県深谷市に富農の子として生まれた。十三歳の時にペリーの浦賀来航を体験し、幕末維新の騒擾《そうじょう》に巻き込まれ、二十三歳の時には、漢籍の師でもあった十歳年上の従兄《いとこ》である尾高惇忠《おだかあつただ》の影響を受けて「尊皇攘夷《そんのうじょうい》論」に心酔して倒幕のための高崎城の乗っ取りを計画したが挫折、熱い血をたぎらせる青春を体験している。その後、君子は豹変《ひょうへん》するではないが、情勢を探るために京都に向ったのを機に、懇意にしていた一橋《ひとつばし》家の重臣の勧めで一橋慶喜《よしのぶ》に仕官することとなり、慶喜の将軍就任に伴い幕臣という立場となる。

運命の転機というべきか、慶応三年（一八六七）、慶喜の弟徳川昭武《あきたけ》の訪欧使節団の一員として、二十七歳の渋沢は約二年間にわたるヨーロッパ視察の体験をする。この時の欧州体験が渋沢栄一の視界を広げる原体験となり、その後の人生にとって重要な意味を持った。パリで万国博覧会を視察したのみならず、スイス、オランダ、ベルギー、イタリア、英国を巡り、日本での大政奉還を知り、急遽《きゅうきょ》帰国している。この時、渋沢は『航西日記』『巴里《パリ》御在館日記』『御巡国日記』という三つの日記を残しており、驚嘆すべき観察眼と吸収力で各国での見聞を記録している。鉄道、電信、諸工場、上下水、博物館、銀行、造幣《ぞうへい》局、取引所、化学研究所などを冷静に観察しており、後の渋沢の視座を構築したことがわかる。

帰国後の渋沢は徳川慶喜に従い静岡に居住した後、大隈重信《おおくましげのぶ》に説得されて民部省（大蔵省）租税正《そぜいのかみ》に就任、四年間にわたり官吏として能力を発揮したが、三十三歳の時（明治六年）に井上馨《かおる》とともに大蔵省を辞任、以来、経済人として実業の世界を生きた。三十五歳で第一国立銀行頭取、三十六歳で東京会議所会頭に就任、それ以来、東京海上保険、東京株式取引所、日本郵船など五百もの起業・育成に関与した。

同時に渋沢は三十四歳の時に上野に養育院を設立して以来、社会福祉・保健・医療施設、教育機関、国際団体を含め六百を超す社会公共の活動に関与・支援を続けた。

一人の人間がこれだけの活動スコープで人生を疾走したという事実に驚かされるが、なぜ渋沢栄一がこれだけの構想力と実行力を持ちえたのかを考えると、経営学の重鎮P・F・ドラッカーの次の言葉を思い出す。「次代の人々の成長を助けることほど、現代の経営者自身の成長進歩——したがって盲点の克服——を容易にするものはない」(『現代の経営』、一九五四)。つまり、渋沢栄一は後進たちが持ち込んでくる構想や提案を誠実に支援することによって自らが進化し続け、周りから盛り上げられることによって常に時代の中心に立ったのである。「人徳」という言葉が胸にしみる。

渋沢は七十六歳になって『論語と算盤《そろばん》』と題する本を刊行し、自らの経済思想の収斂《しゅうれん》を試みている。世に「経済道徳合一主義」とされる思想であり、営利の追求も資本の蓄積も道義に合致するものでなければならないというのが渋沢の思想の核心であった。マックス・ウェーバーは欧州の資本主義の精神の基底にプロテスタンティズムの規範性が横たわっていることを指摘したが、日本資本主義の基底に儒教的価値が存在していることを体現しているのが渋沢栄一だといえる。

幕末維新の変革を支えた経済人が渋沢に限らず、経済合理性の探求を是《ぜ》としながらも、経済活動に規範性や倫理性を求める傾向を内在させていたことは、それに先立つ江戸時代の石田梅岩《ばいがん》、三浦梅園《ばいえん》、二宮尊徳などの経済思想にみられる「倹約・布施《ふせ》」「経国済民《けいこくさいみん》」「報徳」といった価値を継承し共有していたからに他ならない。

渋沢栄一が幼少期に受けた教育を考えると、明治期の近代教育体制が整う以前の日本の地域社会が持っていた「教育力」の高さを印象付けられる。渋沢は武士の子どもではなく、養蚕《ようさん》なども手掛ける富農の家に生まれたが、七歳の頃から尾高惇忠より、四書《ししょ》、五経《ごきょう》、小学、日本外史、十八史略などを学び始めた。いかに日本の地方における教育の基盤が存在していたかを思わせるのである。和漢洋の教養という言葉があるが、現代日本においては「教養人」とされる人でも多少の洋の教養は身に付けていても、和と漢の教養を有している人は稀有《けう》である。和と漢の教養を失って以来、日本人の魂の基軸が揺らいできたことに気づく。『論語』をすべて暗記していたという渋沢伝説はともかく、知識としての儒学を身につけていただけではなく、彼の生き方には計算や打算、経済合理性を超えて、「一点の素心」とでもいうべき人間としての誠実さを示す逸話が少なくない。

例えば、彼は大正七年（七十八歳）になって、お世話になった徳川慶喜への報恩を込めて、『徳川慶喜公伝』を執筆し出版している。晩年の渋沢は「自分は人生を顧《かえり》みて婦人関係以外は天地に恥ずるものはない」と照れ隠しで語っているが、周りの人間を惹きつける人間味溢《あふ》れる熱い人生だったことが随所にうかがえる。

また「合本《がっぽん》主義」という表現で、渋沢は株式会社制度の重要性を訴え、東京株式取引所のような仕組みを創設した。それは欲と道連れともいうべき資本主義をいかに制御するかという真摯《しんし》な模索だった。資本主義の腐敗が噴出する今、資本主義社会の正当性を信ずる人間は、資本主義社会の筋道の通った道理を求めた渋沢栄一の志を静かに思い起こさねばならないだろう。

渋沢型の経営観は時代遅れでも何でもなく、「育てる資本主義」の象徴として我々自身が引き継いでいかねばならない。

平成二十二年一月

Contents

【もくじ】

Contents

第2章● 大胆に、かつ慎重であれ! 渋沢栄一名言録②

——渋沢流ビジネス・マナーを学ぶ

Contents

Contents

第4章●渋沢栄一・激動の生涯をたどる
――日本近代ビジネスのトップリーダーの足跡

巻末付録

本書は「中経の文庫」のために書き下ろされたものです。

第1章

論語でソロバンをはじけ!

――「何のために儲けるのか」を考える

渋沢栄一名言録①

1 論語と算盤《そろばん》は、遠くて近いもの

論語と算盤は、はなはだ遠くしてはなはだ近いものであると始終論じておるのである。

――『論語と算盤』「処世と信条」

▼道徳と経済は一致しなければならない

栄一が数え七十歳の古希《こき》を迎えたとき、各界の人が寄せた色紙を集めた、一冊の画帳が記念に贈られた。目を引いたのはある洋画家の絵で、そこには朱鞘《しゅざや》の刀、シルクハット、算盤《そろばん》、『論語』の本、の四点が一枚に描かれてあった。それぞれ、栄一が重んじた武士道、紳士、商業、儒教をあらわしているのだという。栄一のもとを訪れた漢学者の三島毅《つよし》は、その画帳に見入ると、こんなことを言った。

「これはおもしろい。私は論語読みの人間で、あなたは算盤を攻究している人間だ。私も算盤を学ぶから、一緒に『論語』と算盤が密着するように努めよう」

『論語』とは古代中国の聖人・孔子の言行録で、もっぱら道徳を説く儒教の聖典である。算盤は、今でいえば電卓、要するに商売や経営、あるいは経済のシンボルだ。

「お金を儲ける」という行為は、現代でもどこか悪徳のイメージがつきまとう。少なくとも、「お金」を偏重することは、美徳とはされない。商工業者が身分制度のなかで低い地位に置かれた江戸時代の弊風《へいふう》が残る明治にあっては、なおさらのことだった。

だが、栄一はそんな考え方に異を唱え、一見水と油のように映る道徳と経済は一致させることができる、と主張した。そして晩年はこの絵をきっかけに「『論語』と算盤」というキャッチコピーを考案し、彼のモットーを盛んに説いたのである。

2 商工業者は文明の開路者

商工業者は文明の開路者である。先導者である。

――『青淵《せいえん》先生訓言集』「国家、社会」

＊「青淵」は渋沢栄一の号。

▼江戸時代の封建的身分制度に立ち向かう

栄一には、郷里で過ごした青年時代、忘れられない苦い体験がある。

あるとき、村に領主から臨時に用金の命令が下り、富農である渋沢家でそのいくらかを引き受けなければならないことになった。そこで、父親の名代《みょうだい》として栄一が、代官所に出頭することになった。

陣屋に着くと、小役人風の代官が現れて、いきなり用金五百両の調達を命じた。だが、栄一は「私は父の名代にすぎません。御用金の高は承知いたしましたので、いちおう父に申し伝え、そのうえで改めてご返事申し上げます」と丁重に答えた。

すると代官は、嘲弄《ちょうろう》するように「もう十七歳にもなっているのなら、父親に聞くなどという訳のわからぬことはない。そのほうの身代で五百両ぐらいは何でもあるまい。すぐに承知しろ！」と迫った。

だが栄一も強情で、横柄な代官の要求を頑《がん》として受け付けなかった。陣屋からの帰途、栄一の拳《こぶし》は、腹立たしさで思わず固くにぎりしめられていた。

「まるで貸したものを返せと言わんばかりだ。なぜ、あんなに責められるのか……」

彼が終生貫いた封建的な「官尊民卑《かんそんみんぴ》」への反逆は、このときにはじまり、その思いは、「商いこそが国を支えているのだ」という自負へとつながっていった。

3 富と貴《たっと》きとは、これ人の欲するところ

富と貴きとは、これ人の欲するところなり。
その道を以てこれを得ざれば、処《お》らざるなり。

――『論語』「里仁《りじん》」

▼聖人孔子だってお金は欲しかった

栄一は少年時代に学んだ『論語』をつねに座右《ざゆう》の書とし、孔子の説く道徳に則って考え、行動し、生きることを心掛けた。

では、その『論語』は、栄一がもうひとつの拠り所とした「算盤＝お金を儲けること」を、どのようにとらえていたのだろうか。

武家を中心とする江戸時代の社会では、儒教が道徳の基盤に置かれたが、儒教の伝統には、金銭を卑しむ風潮があった。清貧を美徳とし、人は、富裕になればなるほど、仁義道徳から遠ざかると考えられがちだった。ところが栄一は、「孔子はそんなことを一言も述べていない」と、くり返し説いた。『論語』と算盤は一致する、というわけである。その論拠として彼が再三取り上げたのが、引用した『論語』の言葉だ。

「富と地位は、誰もが欲しがるものだ。しかし、それが正しい道理を経て得たものでなければ、そこに安住することはない」

この文は、従来「君子は富と貴きに近寄らず」というような意味合いで解釈されてきたが、それは誤解だ。道を得た富貴《ふうき》ならば、孔子もまた進んでそれを得ようとしたのだ——栄一は、声を大にして、そう唱えた。つまり、逆に言えば、「正しい道を外れているなら、貧乏でも致し方ない」ということでもある。

4 不義にして富みかつ貴《たっと》きは、浮雲《ふうん》のごとし

疏食《そし》を飯《くら》い水を飲み、肱《ひじ》を曲げてこれを枕とす。楽しみまたその中《うち》に在り。不義にして富みかつ貴きは、我れにおいて浮雲の如し。

——『論語』「述而《じゅつじ》」

▼道に外れた富は、一片の雲のようにもろい

もうひとつ、『論語』から孔子の言葉を引いておきたい。

「粗末な食事をし、水を飲み、腕を曲げて枕とする。そんななかに自然の楽しみがあるものだ。不義不正の手段によって金持ちになり、身分が高くなることは、私（孔子）にとっては、浮き雲のように定めのないもので、心が動かされることはない」

これも栄一の思想行動のベースになっている言葉のひとつだ。

とくに前半の句については、「人は粗衣粗食に努め、ひじを枕とするような暮らしをしなければ、本当の楽しみを得ることはできない」という趣旨で往々にして解釈されてきたが、これも大きな誤解だ、と栄一は述べている。

前半の句は、あくまでも後半の句を強調する対句で、要するに、「不義を行ってでも富貴栄達を求めるくらいならば、粗末な陋屋《ろうおく》で質素な生活に安んじたほうが楽しい」ということを孔子は説いているのだ――栄一はそう逆説的に読み解いている。「不当な道を踏んで富を積むぐらいなら、むしろ貧賤であれ」ということでもあろう。

そしてまた孔子は、道を外して得られた富など、しょせんは空に浮かぶ雲のように、一陣の風で散り失せてしまうものだ、とも言いたかったのかもしれない。

5 われも富み人も富んでこそ、真正の富

われも富み人も富み、
しこうして国家の進歩発達を助ける富にして、
はじめて真正の富と言い得る。

――『青淵先生訓言集』「実業、経済」

▼「経済」の原点に立ち返って「働く」ことを考える

働くということは、富を得ることを目的のひとつとするが、道を得た富でなければ、求めてはならない、と栄一はくり返し述べる。では、正しい道理を経た富、道理に背かない富とは、具体的にはいったい何を指すのだろうか。

もちろん、盗みや詐欺のような方法を用いて儲けることが道理に背くことは、言うまでもない。では、他人の所有物や金銭を、消費や正当な経済活動をへて自分の手のもとに集めてゆくならば、それは富と言いえるのだろうか。——いや、結局自分のものを自分のものとしている限りでは、真の富を築くことはできない、と栄一は言う。

自分だけでなく、他人をも富ませ、そして最後は、国や社会全体が豊かになることにつながらなければ、いくらお金を儲けても、本当の富は得られない。栄一はしばしばこのことを「商業の目的は私利私欲ではなく、公利公益たるべき」と表現している。

彼のこのモットーは、「経済」という語の由来を考えてみると納得がゆく。経済というと、たんにお金のやり取り、あるいは損をしないようにやりくりをするという意味で受け止められがちだが、この言葉はもともと「経国済民《けいこくさいみん》」（国を経営して治め、民を済《すく》う）に由来する。つまり、経済活動というのは、どんな類のものであれ、本来、私利私欲ではなく、公利公益の追究、つまり道徳につながるべきなのだ。

6 真の商業は私利私欲ではなく、公利公益

余の見解を以てすれば
真の商業を営むは私利私欲ではなく、
すなわち公利公益であると思う。

――『青淵百話』「商業の真意義」

▼三菱の総帥・岩崎弥太郎との確執とは

明治十一年（一八七八）夏のある日、栄一は、三菱財閥《ざいばつ》を創立した岩崎弥太郎《やたろう》から、向島《むこうじま》の料亭に招待を受けた。二人は芸者を引き連れて隅田川《すみだがわ》に舟を浮かべ、酒を酌《く》み交わして、しばし優雅に楽しんだ。――料亭に戻ると、弥太郎がようやく用談を切り出した。「これからの実業は、どう経営してゆくのがよいのだろう？」。

栄一は「事業は個人経営ではなく、公利公益を目標として合本《がっぽん》組織（株式会社）でやるべきだ」と得意の持論を説きはじめた。だが、弥太郎ははげしく反論した。

「賢明な経営で巨利を独占できるからこそ、働きがいがある。君と僕とが手を握って仕事をすれば、日本の実業界は二人の思いのままに動かせる」

弥太郎は栄一と同じく天保《てんぽう》生まれ、明治実業界を代表する傑人だが、事業に対する考え方は、栄一とはまったく対照的で、独占主義者だった。たとえば彼が制定した三菱の社規にはこんな一条がある。「会社ノ利益ハマッタク社長ノ一身ニ止マルベシ」。

しょせん二人は水と油、激しい議論のすえ、栄一は席を立った。喧嘩《けんか》別れである。

晩年、栄一は家庭での雑談のおりに、微笑しながら、ふともらしたそうだ。

「わしがもし一身一家の富むことばかり考えていたら、三井や岩崎にも負けなかったろうよ。――これは負け惜しみではないぞ」

7 正しい道理の富でなければ、永続しない

富をなす根源は何かといえば、仁義道徳。
正しい道理の富でなければ、
その富は完全に永続することができぬ。

――『論語と算盤』「処世と信条」

▼独占主義者と公益主義者、最後に笑ったのはどっちだ？

第二次大戦終戦直後、日本の経済面での民主化をはかるため、ＧＨＱの指令を受けて、財閥解体が実行された。まず矛先が向けられたのは、産業界を支配し、軍国主義経済の支柱になったとみなされた、三菱・三井・安田などの巨大コンツェルンだった。

数字を挙げてみると、まず三菱財閥は、重工業、倉庫、商事、銀行、製鋼などの総資本が三十三億円以上。創業家の岩崎五家が半分近くの株を所有した三菱本社の資本金だけでも、二億四千万円あまりあった。続いて三井財閥は、三井物産、三井鉱業その他十六社、全事業の資本は三十億円。

有力財閥の解散が進むなかで、やがて渋沢家も財閥とみなされ、おもに栄一が保有していた株式の管理・運営のために設立された持株会社「渋沢同族株式会社」が、解体の対象となった。ところが、渋沢七家からなるこの会社の資本金はわずか一千万円。調査の結果、渋沢家は「財なき財閥」とみなされ、ＧＨＱのほうから財閥指定の解除を申し出てきた。だが、渋沢家は甘んじて指定を受けて会社を解散し、さらに進んで財産税を物納したのだった。

栄一も三菱の創始者・岩崎弥太郎も、すでにこのとき没して久しかったが、泉下《せんか》の二人で誇らしげに笑ったのは、はたしてどちらだっただろうか。

8 義利合一の信念を持し、もっぱら仁義道徳によれ

義利合一の信念を持し、
もっぱら仁義道徳によって、
利用厚生の道を進めるのが、
実業家の徳義である。

――『青淵先生訓言集』「国家、社会」

▼私利私欲に走らないビジネスマンの品格

栄一が起業した会社は日本の産業のあらゆる分野に及ぶが、そのひとつに、明治二十年（一八八七）に創設された東京人造肥料株式会社（現在の日産化学工業の前身）がある。栄一はもともと農家の出身で、肥料には深い関心があったのだ。

だが、当時の日本の農家にはなかなか人造肥料はなじまず、それどころか、稼働したばかりの最新鋭の製造工場が、火災で焼失してしまうという不運に見舞われた。

採算を採ることが困難と見込んだ株主たちは、とうとう総会で、会社の解散を要求しはじめた。だが、栄一は、私財をなげうち、株をすべて個人で買い取ってでも肥料会社を存続させると訴えて、解散の声を突っぱねた。

「この事業をはじめたのは、決して利益のみを目的としたのではない。国のためになる事業であり、農林振興上必要なものと考え、しかも将来必ず有望な事業となると信じて計画したのだから、どんな災厄に遭っても、この事業を成就させねばならん！」

熱誠《ねっせい》と固い決意に、誰もが圧倒された。私利私欲ではなく、あくまで義と利の合一精神に則って、「厚生（＝民衆の生活を豊かにすること）」の道を貫こうとする栄一には、周囲も根負けするほかなかった。結局、栄一に再建策が一任されることになって会社は存続、紆余《うよ》曲折《きょくせつ》があったが、後年は化学会社としても発展している。

9 商工業は、台所の米櫃《こめびつ》のごとく国家の基礎

商工業は、例えば台所の米櫃のごとく国家の基礎である。[……]国家の基礎は美麗なる装飾品にあらずして質素なる米櫃にあると言わねばならない。

──『青淵先生訓言集』「実業、経済」

▼もっと大きな視点でビジネスを考えろ！

明治六年（一八七三）、栄一が官界を去って、民に降り、はじめて手がけた事業は、日本初の銀行となった第一国立銀行の設立である。

近代日本の黎明《れいめい》期、栄一の眼前には、未開の原野が広がっていた。そして彼は、猛烈な馬力をふるって、広大な処女地を耕しつづけていった。

もし自分の糧を得るだけで満足していたならば、栄一は、近代日本の先駆的な企業家のひとりで終わっていただろう。だが彼の頭には、官尊民卑を覆《くつがえ》し、民間の側から国を富ませ、社会全体を豊かにするという明確なヴィジョンがあった。

その気概は第一国立銀行の株式募集の記念すべき広告文の冒頭に現れている。

「銀行とは大河のようなもので、役に立つことは限りがない。

しかし、まだ銀行に集まってこない間は、お金は溝にたまっている水や、ポタポタと垂れる滴のようなものだ。これでは人の役に立ち、国を富ませる働きは現さない。水に流れる力があっても、土手や岡に妨げられていては、少しも進むことができない。

ところが、銀行を作り、上手にその流路を開くと、蔵や懐《ふところ》にあったお金が集まり、多額の資金となる。そのおかげで貿易は繁昌《はんじょう》し、産物も増え、工業も発達し、学問も進歩し、道路も改良されて、人智が開かれ、国が富み……」

10 商工業者の地位を進めたいというのが、唯一の目的

余が実業界に身を投じたるは、自己の利益のためではない。わが国の商工業者の地位を進めて、国家の富を増したいというのが、唯一の目的であった。

――『青淵先生訓言集』「処事、接物」

▼ビジネスマンは精神を刀としたサムライたれ!

慶応三年（一八六七）、万国博覧会使節としてフランスに派遣された徳川慶喜《よしのぶ》の弟・昭武《あきたけ》の随員として、栄一は海を渡り、ナポレオン三世治世下のパリの地を踏んだ。花の都に降り立ったチョンマゲ姿の一行は、西洋文明の実際を目のあたりにし、一様に驚きの声をあげた。水道・ガス灯・鉄道、林立する銀行に株式会社……。富強をめざす母国に、あまりにも多くの物事が不足していることは明らかだった。

だが、農民出身の栄一を驚かしたのは、目に見えるモノだけではなかった。

パリでは、皇帝の命を受けた陸軍大佐ヴィレットと、徳川幕府の日本名誉領事を委《い》嘱《しょく》されていた銀行家フリューリー・エラールの二人が、世話人として使節に付き添った。日本でいえば、ヴィレットは刀をさした武士、エラールは算盤を片手にした町人、士農工商という階級のある国では、同席さえ許されないほどに身分の差がある。

ところがこの二人、互いに臆することなく自由に意見を述べ合い、さかんに議論をし、どう見ても対等の関係である。ヴィレットには武士にありがちな尊大な態度はなく、エラールには日本の商人のような卑屈さもない。それどころか、ときには、軍人のほうが実業家を尊敬しているようにさえ映ったのである。

実業家もまた士である。〈『青淵先生訓言集』「実業、経済」〉

11 真に理財に長ずる人は、よく集むると同時によく散ずる

真に理財に長ずる人は、よく集むると同時によく散ずるようでなくてはならぬ。よく散ずるという意味は、正当に支出するのであって、すなわちこれを善用することである。

――『論語と算盤』「仁義と富貴」

▼儲けたら使う策を、使ったら儲ける策を練ろ！

お金とは、本来、物々交換を円滑にするために作り出された、一種の道具だ。いわばモノを社会に配分するための潤滑油で、血液が人体に栄養を送っているのと同じように、社会という有機体を維持するために、絶えず循環していなければいけない。

循環の中枢にいる者がお金を懐に貯めこみ、移動を遮《さえぎ》れば、栄養は細部に行き届かなくなり、不況やインフレが発生し、貧富の格差が生まれ、社会に病理が生まれる。

よく集めてよく散じて社会を活発にし、したがって経済界の進歩を促すのは、有為《ゆうい》の人の心掛くべきこと。〈『論語と算盤』「仁義と富貴」〉

「公益の追究」という栄一の理念に照らし合わせれば、「余ったお金＝蓄えた富」は、決して自分のものではない。それは社会に帰趨《きすう》するものであり、誰かに返さなければならないものだ。そこで、有意義な消費や投資が重要となる。そもそも、栄一が実業界に入ってまず日本初の銀行を立ち上げたのも、銀行を介して偏在するお金をよく循環させることが、その目的のひとつだった。そして、金融の循環をさらに活発化させるべく、次々に事業を開拓し、投資先となる会社を起業していったわけでもある。

だから、銀行が集めることばかりに気をとられて不良債権を抱え、あるいは貸し渋りをして、お金の循環が滞れば、おのずと社会は窒息《ちっそく》してしまうのである。

12 あがるだろうと考えて株を持ったことは、一度もない

この事業は起さねばならぬ、かの事業は盛んにせねばならずと思えば、これを起しこれに関与し、あるいはその株式を所有することにする。［……］この株は騰貴《あが》るであろうからと考えて、株を持ったことはいまだかつてない。

——『論語講義』「里仁第四」

▼投資と投機は紙一重、株で儲けようと考えるな！

明治維新以来、日本の鉄道は民営主導で発達したが、明治三十九年（一九〇六）、その鉄道の多くが、政府の方針により国有化された。政府はその際、買収する鉄道会社に鉄道債券を交付した。この債券は一時価格が下落したが、いずれ国が発行する鉄道公債と引き換えられることになっていたので、そのときは必ず値があがるはずだった。要するに、この債券を買い込んでおけば、儲けは間違いない。

栄一は買収された日本鉄道会社（現在のＪＲ東北本線・高崎線など）の創立者で、人には債券を買うことをすすめたが、しかし自分は一枚も買わなかった。

なぜか？――もし債券を買って利益を得たら、「世人より投機者流と見られ、世間の信用を失う」と思ったからだ（当時はまだインサイダー取引規制はなかった）。

日本に株式会社を根付かせた栄一だが、本人は、相場の変動で儲けようとしたことは一度もなかった。栄一にとって、あくまでも株は、社会に必要な事業を起こすのに必要な巨額の資金を、多くの一般市民から少しずつ寄せ集めることで調達するためのシステムであり、配当は出資者への公益の還元だった。

『論語』の「君子は義に喩《さと》り、小人は利に喩る」（君子は正義に明るく、小人は損得に明るい）をもじって、栄一は「ビジネスに対しては利に喩らず、義に喩れ」と説く。

13 金は働きのカスだ

金は働きの滓《かす》だ。
機械が運転していると滓が溜《たま》るように、
人間もよく働いていれば金が溜る。

——渋沢秀雄『明治を耕した話』より

▼何のためにに働くのかをじっくり考えてみる

栄一は、病没した前妻の千代との間に一男二女、後妻の兼子《かねこ》との間に三男一女、合わせて七人の子どもをもうけている。渋沢秀雄はその子どものなかでも一番末っ子の四男坊で、明治二十五年（一八九二）の生まれだから、栄一が五十を過ぎてからの子どもということになる。きっと栄一にとっては、孫のような存在だったに違いない。

栄一の溺愛を受けた秀雄は、成年してからは、父親が創立に関わった田園都市株式会社や東京宝塚劇場などで役職に就き、実業界に身を置いたが、晩年は文筆家として活躍、偉大な父親にまつわる思い出を記した随筆をいくつも残している。

新入社員のころは、誰もがはじめての経験、新しい出会いの連続で、毎日毎日が新鮮だったはずだ。それが一週間、一ヶ月、一年とたつうちに、仕事が惰性《だせい》に流れてゆく。寝ぼけ顔のまま、「まあでも、給料は欲しいし、しょうがないか……」と、今日もまた通勤電車に乗ってゆく――。

そんなとき、発想を逆転させてみたらどうだろう。月給をもらうために働くと考えるのではなく、働くために、仕事をするために、月給をもらうのだと初心に帰って考えなおす。後ろにたまるカスばかりに気をとられずに、前を向いて歩く。からだが錆《さ》び付いて動かなくなったら、カスも出なくなるのだから……。

14 事業は、社会の多数を益《えき》するものでなければならない

およそ事業は、社会の多数を益するものでなければならない。その経営者一人がいかに大富豪になっても、そのために社会の多数が、貧困に陥《おちい》るようなことでは、正常な事業とは言われぬ。

――『青淵先生訓言集』「実業、経済」

▼自分だけ儲けてずらかろうとする者は経営者失格

十六世紀フランスの思想家モンテーニュは、あるとき、パリを訪れたブラジル先住民の首長に会う機会をもった。モンテーニュが、彼に「首長の仕事とは何でしょう」と尋ねると、首長はこんなようなことを言ったという。

「まず戦いが起こったら、前線に立って戦い、死ぬことである。また、部族民からのいろいろな収穫物や捧げ物が自分のところに集められるが、首長は決してそれを私物と思ってはならない。すべて部族民に公平に分配しなければならないのだ」

この言葉を聞いたモンテーニュは、文明的には未開と思われたブラジル先住民のなかに、真の騎士道、無私の美徳が生きていると感じて驚嘆した。

フランスには古来、「ノブレス・オブリージュ」（高貴な者の義務）という伝統があった。貴族や高い身分の家に生まれた男は、社会のリーダーとして、率先して戦場におもむき、重い義務を負うことを誇りとした。おのれの財産と地位に汲々《きゅうきゅう》として、安全地帯から号令を発するのではなく、ときには「俺に続け！」と命を賭して真っ先に敵陣に斬り込むのが「リーダー」の本来の役目なのだ。

栄一は、農家の出身ではあったが、間違いなくノブレス・オブリージュの精神の持ち主であり、具現者であり、そして正真正銘のリーダーだったのである。

15 社会に利益を与えるには、事業が繁昌《はんじょう》してゆかなくてはならぬ

余が事業上の見解としては、一個人に利益ある仕事よりも、多数社会を益してゆくものでなければならぬと思い、多数社会に利益を与えるには、その事業が堅固に繁昌してゆかなくてはならぬということを常に心としていた。

――『青淵百話』「事業経営に対する理想」

▼「会社」は社会のためにある

栄一はフランスから帰国後、大隈重信《おおくましげのぶ》らの懇請《こんせい》を受けて、わずか四年ほどだったが、明治新政府に仕官した。そして大蔵省（現在の財務省）に勤め、西欧で身をもって学び得た知識をフルに活用して、近代日本の金融システムの整備に全力を注いだ。

明治四年（一八七一）、そんな激務の間に、三十一歳の栄一は『立会略則《たちあいりゃくそく》』を著述刊行している。これは彼がヨーロッパ外遊で得た見聞をもとに、会社組織の仕組みと業務を簡便に説き明かしたもので、言うなれば、株式会社設立のガイドブックだ。

ここではまず、近代的株式会社（合本組織）は、政府の干渉や庇護を受けるものではないことが強調され、商工業の自立が促されている。

そしてまた栄一は、官から自立した商社（企業）が依って立つべき経営理念・ヴィジョンを、強調しておくことも忘れてはいなかった。

商社は会同一和する者の、ともに利益を謀《はか》り生計を営むものなれども、またよく物貨の流通を助く、ゆえに社を結ぶ人、全国の公益に心を用いんことを要とす。……日本全国の公益を謀るこそ商の主本要義にかなうというべし。

漢文調のいかめしい文章だが、日本の「カイシャ」の原点を示すその内容は、現代のビジネスマンにとっても、深く肝《きも》に銘ずべきものではないだろうか。

第2章

大胆に、かつ慎重であれ！

――渋沢流ビジネス・マナーを学ぶ

渋沢栄一名言録②

1 常識はいずれの地位にも必要で、また欠けてはならぬ

およそ人として世に処するに際し、常識はいずれの地位にも必要で、また、いずれの場合にも欠けてはならぬことである。

――『論語と算盤《そろばん》』「常識と習慣」

▼冒険心ばかりでは、ベンチャー・ビジネスも頓挫《とんざ》する

歴史上の英傑というと、源頼朝や織田信長など、剛胆にして破天荒、ときには強情・非情なまでの行動をとって時代を動かす、非凡な人間像が思い浮かぶ。

激動の時代を生き抜き、日本の近代資本主義の父と呼ばれた栄一を、こうした凡庸《ぼんよう》ならざる英傑のひとりに挙げることは、決して大袈裟《おおげさ》ではないだろう。

だが意外にも、栄一自身は、非凡な英雄をいたずらにめざす道を戒め、世を渡るうえで、自戒をこめて、「常識」を保つことの大切さを説いている。では、その常識というのはいったい何なのか。――それは次の三つを調和させることだという。

智…物事の善悪・利害・得失を識別する能力。智恵。

情…自分本位を抑え、他者を思いやる情愛。喜怒哀楽。

意…感情をコントロールして、トラブルに遭ってもぶれることのない意志。

この三つのうちのどれか一つでも突出しすぎてしまうと、社会では有用な人物とはなりえず、仮に一時は成功することがあっても、結局は、失意のうちに空しい生涯を送ることになる、と栄一は強く警告している。

栄一は、生来、破壊者であるよりも、つねに建設者であろうとした。堅固な建設には拙速は禁物、バランスのとれた骨組みがまず必要なのである。

2 細心かつ大胆に活動をなし、初めて大事業を完成しえる

もとより細心周到なる努力は必要であるが、一方大胆なる気力を発揮して、細心大胆両者相俟《あいま》ち、溌溂《はつらつ》たる活動をなし、初めて大事業を完成しえるものである。

――『論語と算盤』「成敗と運命」

▼一時の恥にこだわって、過ちを改めることを恐れるな！

幕末の文久《ぶんきゅう》三年（一八六三）――二十三歳の栄一は、生涯で最も大胆な行動をとろうとしていた。尊王攘夷《そんのうじょうい》思想に共鳴し、憂国の志士となっていた青年は、郷里の仲間と密議を重ね、夜討ちをしかけて高崎城を乗っ取り、兵備を整え、さらに横浜へ出て外国人の居留地を焼き払い、彼らを斬り殺そうという、一大攘夷作戦を計画したのだ。栄一はひそかに武具を買い集めて土蔵に隠し、決行日を冬至の日と決め、同志に役割を割り当て、周到に準備を進めていった。大胆に計画し、細心に実行してゆく。

――これが栄一のやり方だった。

そして、父親に勘当《かんどう》を願い出て、決起の計画を黙したまま別れを告げ、旗揚げまで残すところあとひと月余となったころ、密書を送って計画を知らせていた京都滞在中の従兄《いとこ》の尾高長七郎が急ぎ帰郷し、「ろくな訓練もつんでいない烏合《うごう》の衆では、とても幕府の兵を打ち破ることはできない」と栄一らの暴挙を必死に諫《いさ》めた。はじめは「命が惜しいか！」と憤った栄一だったが、徹夜の論議のすえ、冷静さを取り戻し、目的の達成は困難と悟り、旗揚げを断念した。

猪突猛進《ちょとつもうしん》していても、現実を見極めて過ちを改めることを決してはばからない。その潔さが、彼が大事業を成し遂げえた、もうひとつの所以《ゆえん》だろう。

3 信用は資本である

信用は実に資本であって商売繁栄の根柢《こんてい》である。

――『青淵《せいえん》先生訓言集』「実業、経済」

▼嘘をつかないことが、最強の担保になる

「仕事では信用が第一」というのは、いつの時代、どんな経営者でも、口にしそうな格言だ。しかし、栄一の言葉には、現代の人間が抱きがちな発想とは、ちょっと違ったニュアンスがこめられているようだ。つまり、たんに「お金より信頼関係が大事だ」「お客様を大切に」というメッセージではない。

士農工商の身分制度が厳存していた江戸時代、商工業者は武士階級からは下級の人間として賤《いや》しまれ、同席して談話をすることすらはばかられることもあった。そうした風潮の根底には、「功利主義に走る商工人は、自分たちの利益のみに目を配って仁義道徳の観念がうすく、信用がおけない」という、支配者階級の見方があった。それどころか、「嘘も方便《ほうべん》」とばかり、へたに学問や道義心があっては、商売人としての成功も覚束《おぼつか》ない、と考える町人すらいたのだ。

官尊民卑《かんそんみんぴ》の打倒を志し、ヨーロッパで商工業の盛況をつぶさに見聞してきた栄一は、国を富ますには商工業の発展が必須、そしてそのためには商工人の社会的地位の改善も必須だと痛感した。そして、さらにそのためには、旧慣に甘んじている商工業者の意識の改革、道徳心の向上が急務だとも考えたのだ。

「妄語《もうご》（嘘を言うこと）せざるより始めよ」——栄一が好んだ中国古典の名言である。

4 その事業は果して成立すべきものなるか——企業家の心得①

その事業は果して成立すべきものなるや否やを探究すること。

——『青淵百話』「企業家の心得」

▼ロマンチックな現実主義者が起業家の理想

ある企業家が、富士山の頂上にホテルを建設することを考えついたとする。これは、事業として成立しうるだろうか？　高山の頂上に建物を建設すること自体は、決して不可能なことではない。だが、富士の絶頂でホテルを開業しても、充分な営業を続ける見込みがおよそ立たないことには、誰しもが思いいたるはずだ。

――栄一はこんな前置きをして、無謀な事業を企てるのは論外としつつ、企業（起業）にあたっては「非常なる決心と綿密周到なる注意」が必要なことを重ねて強調している。続いて、企業家が守るべき心得を、四つにしぼって紹介している。

一番目の心得は、富士山頂のホテル建設のたとえと重なるように見えるが、これはその次のステップで、「可能か不可能かの論ではなく、ともかく可能ではあるが、はたしてその事業が成立し、存続する見込みが充分に立つかどうか」「今の世に必要かどうか」、そして「公益性があるかどうか」を、よく検討するということだ。漠然と「この事業は有望だ」「世間の需要があるだろう」ぐらいの考えで会社を起こせば、たいていは失敗に終わる。事業の経営を持続させるためには、細密に数字を出して、より現実的にプランを精査しなければならない。彼はさらにこう続けている。

企業家にとってまず第一に心とすべきは数の観念である。

5 個人と国家社会をも利する事業となるか——企業家の心得②

個人を利するとともに
国家社会をも利する事業となるや否やを知ること。

——『青淵百話』「企業家の心得」

▼足元を固めてから、仕事にとりかかれ！

明治九年（一八七六）、第一国立銀行の頭取に就いていた栄一は、兜町《かぶとちょう》の借家から、隅田川沿いの深川福住町《ふくずみ》の新居に一家で引っ越した。新邸の敷地は広さ一万坪以上。本邸の他に、親族や使用人の別棟があり、土蔵がおよそ七十棟も建ち並ぶ大邸宅だった。栄一はこのときまだ三十六歳。ヒルズ族やＩＴ長者などは及びもつかない、青年大実業家である。だが、一家がこの屋敷に住んだのはおよそ十年ほど。この次には、兜町に新たに建てられた、ゴシック様式の豪奢《ごうしゃ》な洋館に移り住んでいる。

公利公益の追究は栄一の事業精神の根幹だが、考えてみれば、「自分のためではなく、国や社会に役立つ仕事をするんだ！」というのは、昔も今も、起業をめざす人間なら誰でも口にするような決めゼリフだ。だが、実際はどうだろう。栄一はこう嘆く。

多くは言行不一致で、その実自己の利益ばかりを打算して、社会の公益は措《お》いて顧みないものがたくさんある。

では反対に、理想に殉じて、自己の利益を犠牲にして起業に取り組むと、どうなるか。足元が固まっていなければ、やがて倒れる。「個人を利するとともに国家社会も利する事業かどうかを、よく見極めること」――私と公の両者を並立させているところに、ビジネスマン渋沢栄一の真意があるのではないだろうか。

6 その企業が時機に適合するか――企業家の心得③

その企業が時機に適合するや否やを判断すること。

――『青淵百話』「企業家の心得」

▼周りの熱気に目をくらまされるな！

明治三十七年（一九〇四）にはじまった日露戦争は、日本軍側の勝利が続いたが、翌年にはポーツマス条約が締結され、早くも講和が成立した。日本は賠償金を得ることはできなかったものの、朝鮮支配の承認、満州の鉄道権益の獲得、南樺太《からふと》の割譲などの要求を、疲弊《ひへい》した帝政ロシアに呑ませることができた。

「戦勝」にわいた日本国内では、にわかに投機熱や起業熱が高まり、重工業を中心に企業の新設・増資、新規事業の増進が相次いで、株式の騰貴《とうき》で一攫《いっかく》千金を得る投資家も現れはじめた。「成金《なりきん》」という言葉が生まれたのは、この時代のことである。

だが、明治四十年には株価が暴落、次々に銀行が倒産し、恐慌がはじまった。生産の過剰が、日本社会を一気に不況へと落とし込んだのである。栄一はこの時期、減債基金の運用・公債の買い上げなどを行い、財界の救済に奔走している。

どんなに有望有益な事業だろうと、時代が不況ならば、起業が容易ではないのはもちろんだ。かといって、好景気が起業の時機にふさわしいというわけではない。「潮流に乗じて実力以上に肥大しようとする、好況の時期こそ警戒が必要なのだ」――そう栄一は説く。バブルは必ず崩壊する。その景気が一時的なものか、それとも長期的なものか――それを見極めて行動することが、起業の成否を分かつのだろう。

7 その経営者に適当なる人物がいるか――企業家の心得④

事業成立の暁《あかつき》において
その経営者に適当なる人物ありや否やを考うること。

――『青淵百話』「企業家の心得」

▼イエスマンではなく、任せられる人間を見つけろ！

経営者にとって、人材を登用・育成し、適材適所に配置することは、いたって重要な課題で、それを誤ればいくらカネをつぎ込んだとて、事業は発展しない。

栄一ももちろんそのことは熟知していただろうが、しかし彼の場合、人材を見る視点が、現代の企業家とは別の次元に置かれていた。

たとえば、「企業家の心得」として「経営者に適当な人物がいること」を挙げている。つまり、彼は上役の言うことを忠実に聞く部下ではなく、経営そのものを任せられる人材を望んでいた。だから、「会社ができれば、誰か適当な人物を得られるだろう」という漠然とした甘い考えで起業すれば、絶対に失敗すると戒め、人物を見極めて、適任者との結びつきを得ることの重要性を強調している。

そもそも栄一には、有能な部下をそろえて巨大企業を築こうなどという発想は毛頭なかった。逸材を発掘して登用しようというわけでもない。未墾《みこん》の原野を切り拓いて種をまき、芽が出たら人に託して次の野に移るというのが、渋沢イズムだった。

「君子は和して同ぜず」（『論語』）とあるように、栄一は人の和は大切にしたが、党派をつくることをきらった。損得勘定ではなく、仁愛で結ばれることを理想とした。人を道具とみなさず、つねに同等の存在として対そうとしたのである。

8 自分で箸《はし》を取れ

何かひと仕事しようとする者は、自分で箸を取らなければ駄目である。

――『論語と算盤』「立志と学問」

▼「これはいける！」と思ったら、どんどん提言する

「もっとやりがいのある仕事がしたい」「もっとできる上司の下で働きたい」「こんな会社なんか」……。昔も今も、サラリーマンに会社への不平不満はつきものだ。とくに若いうちは、誰しも自信過剰気味なだけに、なおさらのようである。

だが、会社は学校ではない。仕事は教わるものではなく、どんな職業も、結局は自分で道を切り拓いてゆくしかない。経験の浅いうちは会社や上司がお膳立てをしてくれるかもしれないが、そこから先は本人次第。やる気のある人間には、いくらでも能力を発揮するチャンスが用意されているものだ。それを見過ごしてはならない。

役に立つ青年は丁度磁石のようなもので、人に頼んで仕事を与えてもらわなくとも、自分に仕事を引付けるだけの力を持っている。〈『青淵百話』「役に立つ青年」〉

栄一は大人物の例に豊臣秀吉を挙げている。秀吉は、一介の匹夫《ひっぷ》から身を起こして、信長にその才を認められ、関白にまで登りつめた。だが彼は決して信長に養ってもらったわけではない。信長は懇切《こんせつ》に人の面倒を見るほどに甘い人間ではなく、またそんな暇もなかった。彼が秀吉の前に最初に用意したのは「草履《ぞうり》取り」といういかにも貧相な献立だったが、秀吉は喜んでそれに箸をつけた。要するに、秀吉はつねにみずから箸を取り、最後は天下統一というご馳走を頬張ったのである。

9
小事も、積んでは大事となる

馬鹿にしてかかる小事も、積んでは大事となることを忘れてはならぬ。

――『論語と算盤』「処世と信条」

▼「こんなの楽勝だ」と甘く見ると、絶対後悔する

日がな単純な仕事ばかり命じられると、やる気がそがれたようになり、心のうちで、「〝自分にしかできない仕事〟を任せてほしい」と思うものだ。だが、経験のない新入社員にいきなり大きな仕事を任せられるものではない。秀吉は草履取りからはじまった。栄一だって、仕官した一橋家では、はじめは玄関番だった。

しょせん、小事を粗末にするようでは、大事を成功させることはできない。どんな些細な仕事でも、軽視することなく誠実に務めあげる、というのが栄一のモットーだ。

それに人生では、その時は小事と思った出来事が、後になって大事となることが間々ある。失敗は、見過ごした小さなミスのうちにすでに兆しているのだ。

とはいえ、滅多に起こらないような出来事ならば誰でも見逃さないが、日常的な瑣《さ》末《まつ》なアクシデントには、なかなか注意がまわらないものだ。火事に遭ったらパニックになるが、ちょっと屋根から雨漏りがしたくらいではたいして気にとめない。でも、雨漏りをいつまでも放っておけば、いずれ家は住めなくなる。

「小なる事は分別せよ、大なることに驚くべからず」（徳川光圀《みつくに》）――こんな格言を引きつつ、栄一は「大事と小事の区別を立てるのは君子の道ではない、どんな場合でも大小の区別を立てず、同じ態度、同じ思慮によって対処すべし」と戒めている。

10 人の資力を運用して、事業はいくらでもできる

事業をなすには、
必ず自己に大資産がなければならぬとは言われぬ。
相当なる信用、智識、実験等があれば、
人の資力を運用して、事業はいくらでもできる。

――『青淵先生訓言集』「処事、接物」

▼人と会社、人と人を結びつける接着剤になれ!

東京海上保険、王子製紙、日本郵船、東京瓦斯《ガス》、日本鉄道……。栄一がその生涯で設立に関わった企業は、合わせて五百以上にものぼるといわれる。そしてその多くは、名を変え、合併を重ねつつも、今なお日本の経済界を牽引している。みずほ銀行、東京海上日動火災保険、東京ガスなどは、その代表的な例に入るだろう。

だがこれらの企業群は、栄一個人の財産や渋沢家の資産によって、すべて運営されたわけではない。どれも、小さな資本をたくさん集める「合本《がっぽん》主義」にもとづく株式会社で、栄一はいわば呼びかけ人、あるいは後方支援係だった。

大資産家の力に頼りきれば、企業の利益はしばしばオーナー個人に独占される。多くの人間から資本を寄せ集めることで事業を運営すれば、利益は大資本家に私有されずに分散され、社会全体が富むことにつながる。栄一にとって、自身の資産に依存しない会社経営とは、公利公益の追究という理念の実践にほかならなかった。そしてその誠実な姿勢が、彼により一層の信用をもたらしたのである。

起業家ならずとも、ときにはわが身を省みて、栄一の言う「相当なる信用、智識、実験（経験）」というのが、はたして何を指しているのか、そしてそれがおのれに備わっているのか、と自問しておきたいものだ。

11 世の中の仕事は、力瘤《こぶ》ばかりでゆくものではない

活動といい奮闘というと、いかにも勇ましく聞えるが、世の中の仕事は、力瘤ばかりでゆくものではない。堅忍持久《けんにんじきゅう》の力を養って、次第に進まねばならない。

――『青淵先生訓言集』「処事、接物」

▼ときには水のように優雅に生きる

ひたすら成長や拡大を続けようとすると、どうしても周囲との間に摩擦《まさつ》を生じ、競争が生まれる。競争になると、名誉や地位、財産に汲々《きゅうきゅう》とする人間は、腕に力を入れて、獲物をつかみとろうとする。そして、いったん手にしたものは、決して手放すまいと、ますます踏ん張り、勝ち組として生き残ろうとする。

だが、力尽くで手に入れたものは、力を抜けば、しだいに自分から離れてゆく。

『老子』に「上善は水のごとし」という言葉がある。

器に応じて自在にかたちを変える水は、決して他とは争わない。けれども、万物に恵みを与え、あらゆる生命の源となる。何事にも従順で争わぬこの水の柔軟な力に、何ものも逆らうことができない。

青年時代、栄一は尊王攘夷と討幕に燃えた、血気盛んな志士だった。だが、運命のいたずらか、ほどなくして幕臣となり、フランスに向かう船上の人となった。アルフェ号のデッキから広大な海原を眺め見た彼は、ときに水の流れの雄渾《ゆうこん》さに思いをはせ、おのれの拙速・無力を痛感することはなかっただろうか。

『論語』にはこうある。「知者は楽しむ。仁者《じんしゃ》は寿《いのちなが》し」（「雍也《ようや》」）。

12 来れば必ず逢《あ》って語る

来れば必ず逢《お》うて語る。
余の主義として
時間の許すかぎり客を辞したことがない。

――『青淵百話』「天の使命」

▼「門戸開放主義」が渋沢流組織術の秘訣

多忙な毎日のなかで、栄一は朝方、必ず来客と会う時間をもうけ、飛鳥山《あすか》の屋敷で面接することを長年日課としていた。そして誰であろうと、面会を希望する人を拒むことはなかった。紹介者や紹介状などは、いっさい不要だった。

ある朝は行李《こうり》をかついだ学生がやって来て、「書生にしてください」といきなり頼み込んだ。またある朝は、「私に一万円を貸してください。そうすれば国家のためになりますよ」などと自信たっぷりに語る妙な男が押しかけてきた。

事業の相談ばかりではなく、身の上相談まで持ちかけてくる人間もいたという。

そして朝の面接を終えてから兜町の事務所に向かうと、そこにもすでに何人かの客が首を長くして栄一を待ち受けていた。栄一の行く先々には、彼の助力を求める人たちが、ひっきりなしに列をなしてならんでいた。

だが、栄一はいずれの人間にも真摯《しんし》に対応して、親身に相談に乗った。「今、忙しいから……」という言い訳をしない。届いた手紙にも、極力自筆で返事をしたためた。それが自分の務めだと信じていたからだ。

人と会い、つきあい、人を知らなければ、人を動かすことも、仕事を動かすことも、社会を動かすこともできない。——これが栄一流組織力と情報力の秘訣でもある。

13 交際の要素は至誠

要するに交際の要素は至誠である。

――『青淵百話』「交際の心得」

▼真心で接すれば、思いは天に通じ人の心も動かす

社会で成功するには、人づきあいがうまくなければならない、と世間では言う。そして、交際を上手にこなすには、相手を退屈させない巧みな話術が必要だ、と言う。たしかに、リーダー格の人間には、人を惹きつける弁舌《べんぜつ》を身につけた人物、雄弁家が多いものだ。一方、口数の少ない訥弁《とつべん》の人間は、周囲にはえてして魅力の少ない退屈な人物と映る。

ちなみに、年中各所で講演をしてまわった栄一は、口調が平易で話がわかりやすく、話題も豊富で、聴衆をたちまち魅了する、スピーチの名手だったらしい。

だが、しゃべりが苦手という人種はどうしてもいるもので、世の中みんながみんな能弁家になるというわけにもいかないだろう。

「交際の巧拙《こうせつ》は、必ずしも話術や機敏な応対ばかりによるものではない」と栄一は言う。巷《ちまた》にはびこるお仕着せの「交際術」「交際マナー」ばかりに気をとられてしまうと、むしろ本音を包み隠した、表面的なつきあいに終始してしまう。

『論語』に「巧言令色《こうげんれいしょく》、鮮《すく》なし仁」（「学而《がくじ》」）とある。お調子者は、その場を取り繕《つくろ》うことはできても、結局いつかはボロを出してしまうものだ。「誠意をもって交われば、必ず相手に通じる」――交際の根底にはまず「誠」を置け、と栄一は喝破《かっぱ》する。

14 罪を悪《にく》んで人を悪まず

人を諌《いさ》めたり責めたりする場合における根本条件としては、いわゆる「罪を悪んで人を悪まず」という態度を以てしなくてはならぬ。

——『青淵百話』「過失の責め方」

▼部下の叱り方に秘策あり

人間は完璧な存在ではない。どれだけ注意していても、間違えることがあるし、人徳の持ち主のように見られている人物だって、過失を犯すことがある。

だからといって、他人の過ちに寛容になりすぎてはならない。むしろ、あからさまに戒めることが、密かに愛するよりも優ることもあるだろう。

とくにビジネスの場面では、部下のミスを見逃さずに本人に忠告し、矯正《きょうせい》することは、上司の重要な役割でもある。けれども、ただ無闇に怒り、叱りつけるだけでは、かえって相手の反感を招き、二人の間に溝が生じるだけになりかねない。

栄一は、中国古典の格言「罪を悪んで人を悪まず」を引きながら、部下のミスを責めるときは、本人に憎悪を抱かずに、過失そのものを責める態度が肝要だと説いている。そして、たとえば「すべてのことに注意を怠るな」という教訓的な指針を常日頃から与えておくと、ミスが起きてもおのずと自身の非を認めて、過ちを戒めるようになるもので、経験上、これが一番効果的な「責め方」だとも教えている。

現代の管理職に違わず、栄一も部下の扱いには、定めし苦慮していたのだろう。引用の言葉が収められた項は、「人の過失を責むるということは呉々《くれぐれ》も面倒なものであるから、何人も深く心を用いてこれに衝《あた》られんことを希《ねが》う」と結ばれている。

15 正しい道を進んで行こうとすれば、争いを避けることはできぬ

私はもちろん、好んで他人と争うことこそせざれ、全く争いをせぬというのではない。苟《いやしく》も正しい道を飽《あ》くまで進んで行こうとすれば、絶対に争いを避けることはできぬものである。

――『論語と算盤』「立志と学問」

▼闘いは、君子の争いたれ

合本主義者の栄一と、独裁商法を貫いた三菱の創始者・岩崎弥太郎《やたろう》は、実業界では終生のライバルだったが、この二人が真っ向から激突し、死闘を演じたことがある。

明治初期、日本の海運業は弥太郎率いる三菱商会のほぼ独占状態で、地方の回漕《かいそう》業者は激安料金の三菱に客や荷を目の前で横取りされ、軒並み廃業に追い込まれるありさまだった。そんな状況を憂えた栄一は、明治十五年（一八八二）、三井の益田孝《ますだたかし》らと組んで、得意の合本組織で「共同運輸会社」を設立。最新鋭の船舶を三菱と同じ航路・出航時間で就航させ、弥太郎の独走を阻止しようと攻撃を開始した。

一方の三菱は運賃を引き下げて対抗。両社はすさまじいダンピング合戦を繰り広げ、事態は消耗戦の様相を呈していった。最後は政府の口入れもあって、明治十八年、両社が合併することで決着。出資金は共同運輸が多かったが、じつは弥太郎が共同の株を密かに買い占めていたため、新会社・日本郵船の実権は三菱が握った。

世間は三菱の勝利だと噂したが、この合併の半年前、弥太郎はガンで死去していた。

「円満を旨《むね》として争いを避けようとすると、ときに善が悪に阻まれ、正義が行われなくなる。人間はあまり円《まる》いとかえって転びやすく、どこかに角《かど》がなければならない」

――そう諭《さと》す栄一は、後年、結局三菱側に請われ、日本郵船の重役に就任している。

16 厳正の意味より論ずれば、この世の中には順境も逆境もない

悪者は教うるとも仕方なく、
善者は教えずとも自ら仕方を知っていて、
自然とその運命を造り出すものである。
ゆえに厳正の意味より論ずれば、
この世の中には順境も逆境もない。

――『青淵百話』「逆境処世法」

▼結果より先に原因を考えろ！

移り変わりの激しい競争社会に身を置いていると、人生逆境ばかりのように思えてくることがある。名門に生まれた政治家がはなばなしく活躍する姿を見て、その恵まれた境遇を、わが身と引き比べ、うらやましく思うこともある。

ところが、栄一は「世の中にはそもそも順境も逆境も存在しない」と言う。物事には必ず原因と結果があり、その時々で対処を怠らず、過ちを改めてゆけば、おのずと逆境は失せ、したがって順境という言葉も消滅する。あるのはただ「今」だけだ。煎《せん》じ詰めれば、「順境」「逆境」という価値観は、人間の心がつくり出したもので、天から見ればすべて均しく流転しているにすぎない、とすら言える。

その昔、中国・梁《りょう》の恵王《けいおう》が「こんなに努力をしているのに、なぜわが国の民は増えないのだ」と嘆いたのに対して、孟子《もうし》はこう答えた。

「飢餓《きが》の罪を、今年は気候が悪かったからだと、凶年に帰さずに、それを王みずからの責任として政治にあたれば、民は王を慕って集まることでしょう」

自分の行為を省みずに、世間や他人を怨み出すと、逆境が出現する。

余は相当なる智能に加うるに勉強をもってすれば、世人のいわゆる逆境などは、決して来たらぬものであると信ずるのである。〈『論語と算盤』「成敗と運命」〉

17 逆境に陥ったら天命と諦《あきら》め、来るべき運命を待つ

逆境に処するにあたりては、まず天命と諦め、勉強忍耐もっておもむろに来たるべき運命を待つがよい。

――『青淵先生訓言集』「処事、接物」

▼窮すれば通ず、試練に遭っても吸収することを忘れるな！

人生に逆境などあるわけがないと豪語する栄一だが、その一方で「絶対にないとは言い切れない」と、何とも矛盾した言い方をしている。彼に言わせれば、逆境にも、おのれの怠惰《たいだ》が生みなす人為的なものと、時代のうねりに巻き込まれることで生じる自然的なものの二種があって、後者はしょせんどう抗《あらが》っても免《まぬか》れえぬもの、これこそが逆境と呼ぶに真にふさわしいというのだ。

たとえば栄一自身がそうだった。尊王倒幕を論じる草奔《そうほん》の志士が、はしなくも幕府の臣下となり、将軍の弟に随行してパリに渡るも、その間に大政奉還・明治維新の大動乱が母国を襲い、帰朝してみれば幕府はすでになく、旧主徳川慶喜《よしのぶ》は零落、栄一も一転して浪人の身となった。まさに、時世の大波に呑まれて、逆境に陥《おちい》ったわけだ。

では、こうした自然的逆境にはどう対処すればよいのか？――「特別な対処法などない。じたばたせずに、仕方がないとあきらめ、研鑽《けんさん》に励んで開運を待つしかない」と栄一は言う。雌伏《しふく》して時を待てということだろう。

帰国後の栄一は、慶喜の縁で留まった静岡藩で、フランスでの見聞をもとに商会を設立。やがてそれが新政府の目にとまり、栄一は新天地へ雄飛する。

逆境をバネにして飛躍する。それがひたすら進歩を続けた男の鉄則だった。

18 得意の絶頂にいる時がきわめて危険

人間は逆境に立つか失意におるばあいは、
一心に向上をはかり
常に反省力が強いから安全であるが、
得意の絶頂におる時がきわめて危険である。

――『青淵先生訓言集』「処事、接物」

▼失敗は成功のうちにはらまれている

「願わくば、我に七難八苦を与えたまえ」

戦国大名尼子《あまこ》氏の忠臣・山中幸盛《ゆきもり》は、三日月に向かってこう祈り、衰亡した主家の再興に尽くしたという。

古今の格言を引くまでもなく、人が名を成すのは多くは困窮の日々、そして思い起こせば、失敗の芽が得意絶頂のときにすでに萌《きざ》していたことに気づくものだ。

幸と不幸、喜びと憂い、笑いと涙はつねに表裏一体、対のものであって、一方が極まれば、他方が首をもたげはじめる。そのことを忘れ、薄氷の上に乗った今の繁栄がいつまでも続くものと錯覚して油断していると、必ず身を誤る。

トップに登りつめたタレントが逮捕され、巨万の富を手中にした起業家が転落して、社会の弾劾《だんがい》を受ける。——登った場所が高いほど、落ち込みも深く、また立ち直りも容易ではない。


すべて世の中のことは、もうこれで満足だという時は、すなわち衰える時である。

〈『青淵先生訓言集』「国家、社会」〉

誰しも頭では理解していることではあるけれども、なかなかからだでは実感できない。少なくとも、軽々しく「成功した」と思わないように心掛けたいものだ。

19 第一銀行の業務と渋沢の家事とは塵《ちり》一本でも混同せず

第一銀行の業務と渋沢の家事とは
塵《ちり》一本でも混同せず、
その間には画然《かくぜん》たる区別が立ててある。

――『青淵百話』「事業経営に対する理想」

▼公私の区別を曖昧にするな！

家庭での栄一は、子どもたちを相手に、秀吉や家康といった歴史上の英雄について時おり談じていたそうだが、栄一はその偉大さを認める一方で、彼らに共通する欠点も指摘した。「古来の英傑はみな天下を〝家〟とした」――つまり、天下を我が家のようにみなして公私を混同してしまい、結局は自分勝手な行動に傾いたというのだ。

第一銀行（第一国立銀行）は、栄一が役人を辞して実業界に入って最初に立ち上げた企業であり、彼が起こした数ある会社のなかでも特別な存在で、銀行業に対する思い入れも格別なものがあり、栄一にとっては一生の事業と呼んでもさしつかえないだろう。事実、彼は数え七十七の喜寿を迎えるまで第一銀行の頭取に留まって経営に携わり、株も相当数所有していた。

だが、その家業とも言える第一銀行はもちろん、職場のすべてにおいて、栄一は公私の区別を画然とさせた。事業や会社を、おのれの「家」とすることを固く戒め、あるいは派閥をつくることを拒み、むしろ私財を割いてまでも企業の経営に尽くそうとした。公私の別を自ら律することで、日本のビジネスを、家業から近代的企業へと変革させようとしたのだ。

20 事業の発展成功の根本は、資本にあらずして人にあり

およそ事業の発展成功の根本は、
資本にあらずして人にありと言わねばならない。
ゆえに事を興すはまずその人を得るにある。

――『青淵先生訓言集』「処事、接物」

▼一人の才能はいかに非凡でも、その力には限りがある

栄一が明治初期に設立した代表的な会社のひとつに、抄紙《しょうし》会社、後の王子製紙がある。日本の近代化には文化の伝達を担う印刷事業の発展が必須、そしてそのためには和紙ではなく大量生産が可能な西洋紙の製造が不可欠と考えた栄一は、資本を集め、二人の外国人技術者を高給でスカウトし、工場の敷地を王子に選定し、最新鋭の機械をイギリスから導入して、日本初の製紙会社の起業に乗り出したのである。

赤レンガの西洋式工場が竣工すると、機械のスイッチが押されて操業が開始された。ところが、機械からは粗悪な紙が出てくるばかりで、肝心の白い紙が抄造されない。失敗が度重なるうち、いらだった栄一は外国人技師に詰め寄った。「君らは経験があり、原料も機械も望み通りのものを用意した。それなのになぜ失敗ばかりなんだ！」。

じつは彼らは専門技師とはいえ、現場の作業には疎い知識派だった。それに、いくつにも分業された製紙作業には、それぞれの業務に通じた職工が必要だった。――人をつくらずに、工場や設備を急いだことに、そもそもの間違いがあったのだ。

この挫折を教訓に、栄一は独力の限界、人材の育成や選別の重要性を思い知る。そして、人物の観察眼を養うと同時に、みずからも事業を介して人と結びつき、さらに人と人とを結びつけていって、類い稀《まれ》な組織力を磨いてゆくのである。

21 私は孔子の人物観察法を最も適当であると信じる

人物を識別もしくは鑑別するということは却々《かえすがえす》難しいものである。[……]私は孔子の人物観察法を最も適当であると信じ、人物の鑑識はこれに拠《よ》るように心掛けている。

——『青淵回顧録』「予の人物鑑識法」

▼栄一オススメの「視・観・察」の三段階人物鑑別法

相手がどんな人物かを正しく見極めることは、日頃の行動をスムーズに運ぶうえで、大切なことだ。新しい人材の採用を決める場合などは、これがとくに重要になる。第一印象ではしっかりした人に思えても、実際によく接してみると、じつにいい加減な人物で、自分の早合点を後悔するということは、わりとよくあるものだ。

そんなわけか、昔も今も、いろんな人物観察術が説かれているが、栄一は、自身の経験をふまえて『論語』にある観察法を推奨している。

それは「子曰《しのたまわ》く、その以《な》すところを視《み》、その由るところを観《み》、その安んずるところを察すれば、人いずくんぞ痩《かく》さんや」という言葉によるもので、これは、現代にも応用がききそうな、なかなか優れた方法でもある。

まず基本は、人の身なりや行為を肉眼でよく視る。次には、ただ視ることから一歩進んで、その人物の行為がいったい何を動機としたものなのかを、心眼で観る。そして最後は、その人の安心がどこにあるか、つまり何に満足して暮らしているのかを察する。この「視・観・察」を実践すれば、人物の姿が明瞭に見えると栄一は言う。

ポイントになるのは「察」で、金儲けだけに満足する人間か、それともその先にヴィジョンがある人間かどうかが、人物の正邪を見抜く鍵になるというわけだろう。

22 現状維持は、取りも直さず自分が退歩する勘定《かんじょう》になる

人は進んで止まぬのが世の常であるから、結局現状維持は、取りも直さず自分が退歩する勘定になるのである。

――『青淵先生訓言集』「処事、接物」

▼「もうこれで満足」と思った瞬間に破綻がはじまる

世の中が変わらないと、変わってほしいと願う。でも、世の中が変わると、変わってほしくないと願う。人間は何ともわがままで、矛盾した存在だ。

江戸時代、徳川幕府は鎖国を敷き、身分制度を明確にし、さまざまな統制を民衆に強いて、国を支配しようとした。言ってみれば、変わることを極力避け、国民に目隠しをし、足枷《あしかせ》を課すことで、権力を安定させようとした。

そんななかで、「安定」を「退歩」ととらえ、世の中を「変えたい」と願う勢力がやがて力を増し、尊王攘夷、大政奉還、そして明治維新となった。そして、さらに勢いを増して社会は変転を続けていった。

必ずしも進歩しているとはかぎらないだろう。だが、結局いつの時代も、物事は絶え間なく変化を続ける。成功によって勝ち得た地位や財産を守りたいと思うのは世のならいだが、そんなことにおかまいなく、何もかもが瞬間瞬間に違ってゆく。

ことにビジネスの世界には、利潤を生み成長を続けなければならないという宿命がある。成功して余裕ができたときこそ、さらなる飛躍のチャンスと心得るべきだろう。

遠い将来の変化を見越すことは簡単なことではない。でもせめて、怠惰に流れることなく、今に集中して生きれば、おのずと足は前を向くはずだ。

23 「ぶるな」「らしく」の心掛けを忘れるな

中庸《ちゅうよう》の道を守り、「ぶるな」「らしく」の心掛けを忘れさえしなければ、何ら憂うところはなかろうと思う。

——『青淵回顧録』「弊を見て功を没する勿《なか》れ」

▼人間ぶるな、人間らしくあれ！

明治維新によって、二百五十年続いた徳川幕府は消滅し、それとともに日本の近代化の障壁となっていた固陋《ころう》な封建的武家制度は瓦解した。だが、同時に、元来尊ぶべき忠恕《ちゅうじょ》や孝敬《こうけい》の精神もが葬り去られようとした。物事の弊害ばかりを見て、その功をも見失い、あるいは功ばかりを見て、弊をも見落とすことの愚を憂える栄一は、「〝中庸〟の道を守れば、間違うことはない」とさとしている。

中とは偏《かたよ》らないこと、庸とは変わらないことを指す。つまり、偏見にとらわれずに、真ん中を通る不朽の道を歩めというわけだが、口で言うほどにこの道の実践は生やさしいものではない。

そこで栄一は、これを「ぶるな」「らしく」という、じつに明解な語句を使って、この道理の応用術を説いている。

「ぶるな」というのは、役人なら「役人ぶるな」、商人なら「商人ぶるな」ということ。「らしく」というのはちょうどその反対で、それぞれ「役人らしく」「商人らしく」なれ、ということだ。この「ぶるな」「らしく」の心掛けをつねに保っていれば、おのずと足は中庸の道を踏み、人は天性に忠実となる。

願わくば、最後はみな「人間ぶらず、人間らしく」の境地にたどり着きたいものだ。

24 功名心は人間にとって最も尊ぶべきこと

功名心は人間にとって最も尊ぶべきことであって、
しかもまた、
人をして過《か》を多からしむるの因《いん》をなすものである。

――『青淵百話』「功名心」

▼成功へのあこがれがビジネスリーダーへの第一歩

手柄を立てて名誉を得たいという功名心は、欲にまみれた卑賤《ひせん》な願望のように受け取られることもある。たとえば江戸時代の儒学者たちは、功名を意とする人間は君子賢人ではないと嘲《あざけ》っていた。

だが栄一は、商業と道徳が両立するのと同じく、本来、功名と仁義は相かなうものだという。なにも戦いに勝ったことや、大発明をしたことばかりが、功を遂げることではない。禅僧が悟りに達したいという思いも、一種の功名心ではないか。

「仁者《じんしゃ》は己《おの》れ立たんと欲して人を立て、己れ達せんと欲して人を達す」（『論語』「雍《よう》也《や》」）。仁徳を身につけた者は、自分が立とうと思えば、まずその前に人を引き立てようと尽くす。自分が行き着こうと思えば、まず人を行き着かせようと骨を折る。この言葉は、まさに功名の心の極致を説いたものではないか。

ただし、ただ人の成功にあこがれて無闇に名をあげようという功名心は、道理に外れたものとなり、虚妄と欺瞞《ぎまん》の種となる。栄一は引用の項をこうまとめている。

「功名心に応じる才学・能力・位置を自己の智力で知らなければならない。これを知らずして功名心に駆られる人は、飛び越えられぬ堀を飛んで落ちるか、未完成の飛行機に乗って事故に遭うのに等しい」

25 武士道と実業道とはどこまでも一致しなければならぬ

武士道と実業道とは
どこまでも一致しなければならぬもの、
また一致し得べきものである。

——『青淵百話』「武士道と実業」

▼ビジネスマンは士魂商才を身につけろ！

封建社会の弊害をしきりに説いた栄一だったが、渋沢流に言えば、正義・廉直《れんちょく》・義侠《ぎきょう》を真髄とする武士道は孔子の道に通じ、武人だけでなく、公利公益をめざす商業者も当然範とすべき道だった。『論語』と算盤ならぬ、刀と算盤の一致である。幕末期に社会が腐敗したのは、上級武士の士道が形骸化したため、とも言える。

日露戦争のさなか、栄一は「武士道」と題した講演で、こんなことを述べている。

武士道は決して武士特有のものではない。商人・実業家の間にも武士道がなければならない。……難事にもめげず、大いに勇気を鼓《こ》して困難の衝《しょう》に当る、すべてなし難い所におのれの身体、もしくは財産を犠牲にしても、公共の利益を図るというのが武士道である。〈『竜門雑誌』明治三十八年六月号〉

栄一と親交があり、明治に政商として活躍した実業家の大倉喜八郎は、菅原道真《すがわらのみちざね》の言う「和魂漢才」をもじって、栄一のことを「士魂商才」と評している。

それは、「企業戦士」などという安っぽい表現とは、次元が違う。栄一はもともとは農民だ。だが、私利にとらわれず、義を重んじて大局的な見地から事業を開拓しつづける彼の背中に、大倉は、気骨あるサムライの精神を見たのだろう。

26 惜しまれ、引き留められるうちに、身を退くこそ真の勇退

人びとから、引退を惜しまれ、切に引き留められるうちに、自己の境遇、年齢、健康および周囲の事情等を考慮して、身を退くこそ、真の勇退である。

――『青淵先生訓言集』「処事、接物」

▼重すぎる文鎮は役に立たない

明治四十二年（一九〇九）、数え七十歳になった栄一は、古希《こき》の祝賀を機に、役員として関係していた東京瓦斯など、およそ八十種の会社・団体の仕事から引退した。そして、喜寿七十七歳を迎えた大正五年（一九一六）には、長年頭取を務めた第一銀行からも離れ、実業界から完全に身を引くことを決意した。

商工業の地位の向上という宿願はかない、日本の産業はめまぐるしく発展し、育成した人材もみな第一線で活躍するようになっていた。

「人間、引き際が肝心だ」――よく聞かれる言葉だ。それなのに、現役を退いたはずの人間が、しばしば「顧問」や「相談役」という肩書きのもとに、隠然とした権力を保ち、いつまでも現場を牛耳《ぎゅうじ》ろうとする。地位や名声をあの世にまで持ってゆくことは、決してできない。ならば、いずれ老醜《ろうしゅう》をさらすより、死期を悟った野獣のように、余力のあるうちに潔く身を隠したほうが、自然の理にかなっている。

経営者が偉大であればあるほど、組織は硬直化しやすい。多くの役職を兼任した栄一は、自身を「実業界の文鎮」と評したが、文鎮がやたらと重くなるのも考えものだ。

栄一は引用句に続けてこうも言っている。

顕要の地位は、いつまでも保ち難く、その終りを全うせんとせば、勇退のほかかない。

27 人気は他方より来るものではなく、己《おの》れより出てくるもの

人気は他方より来るものではなく、
己れより出てくるものである。
人気の来たり、人気の去る所以《ゆえん》は、
その源を尋ねれば、
必ず内にありて外にあるのではない。

――『青淵先生訓言集』「実業、経済」

▼「仁」を身につければ、おのずと人は寄ってくる

決して人を踏みつけてまで押し通ろうとはしない。人から受けた恩は忘れずに報いようとし、泣きつかれても厭《いと》わず、誠意をこめてとことん面倒を見ようとする。

栄一のもとには、終生、四方八方からたくさんの人が集まった。彼の資金力や名声をあてにして寄ってきた人間もいただろう。だが、結局はみな栄一の内面から発せられる香気、磨かれた人格を慕って、信服していったのである。周囲からおだてあげられ、誰かのお膳立てによって生じた人気は、決して長続きしないものだ。

第一生命保険の創業者・矢野恒太は、栄一を評してこんな言葉を残している。

「渋沢さんほどの智者はザラにある――と言っては少し失礼かもしれないが、今後とも出ることもあろう。渋沢さんほどの勇者も他にある。けれども渋沢さんほどの仁者《じんしゃ》は他にいない。また今後とて容易に生まれないだろう」

つまり、栄一の人気の源は何と言っても「仁」だった。そしてもちろん、この仁の力もまた、誰かが授けてくれるものではなく、内面から発せられるものだ。

「仁を為すこと己れに由《よ》る。而《しこう》して人に由らんや」（『論語』「顔淵《がんえん》」）

仁の道は、進もうと思えば、いつでも進んでゆける。だが、仁を行うのは自分自身、他人の力に頼ったとて、どうにもならないのだ。

28 大いに働き、大いに楽しめ

人間の精神にも形体にも、一定の限度がある。百年不休に働き得るものではない。ゆえに大いに働く代りに、大いに楽しまなくてはならない。

――『青淵先生訓言集』「座右銘、家訓」

▼つまらない唐変木になるな！

あんまり褒《ほ》めちぎるのも、かえって気が引ける。

『論語』だ、道徳だと、やかましく言う栄一だが、当人はというと、謹厳実直の堅物人間というわけではまるでなかった。

あるとき、栄一の日記を見ていた末子の秀雄は、「帰途一友人ヲ問ヒ、十一時半帰ス」とあるのを読んで、ピンときた。フランス語で「友人」はamieというが、この言葉には「愛人」という意味もある。――栄一一流のパリ仕込みのレトリックだった。

三男の正雄は、たまに兜町の事務所から帰宅する父の車に同乗させてもらうことがあった。だが、「ご陪乗《ばいじょう》願えましょうか？」と訊《き》いて、「うん？」と曖昧《あいまい》な返事を返されたときは、おとなしく引き下がらなければならなかった。そんな晩は、自動車は飛鳥山の屋敷に向かわずに、決まって本郷四丁目の角を左へ曲がる。

本郷には、当時の栄一の「一友人」が住んでいたのである。

もっとも、「汝、姦淫《かんいん》するなかれ」のキリスト教と違い、『論語』には性道徳に関する訓言があまり見あたらない。妻の兼子は、笑いながら子どもに言っていたという。

「父様《とうさま》は『論語』とはうまいものを見つけなすったよ。あれが聖書だったら、てんで教えが守れないものね！」

29 機のいまだ熟せぬときは、ますます勇気を鼓して忍耐せよ

よく事に通じて、勤勉であっても、
目的通りに事の運ばぬばあいがある。
これはその機のいまだ熟せず、
その時のいまだ到《いた》らぬのであるから、
ますます勇気を鼓して忍耐しなければならない。

――『青淵先生訓言集』「処事、接物」

▼追いつめられても、土俵際でぐっと踏ん張れ！

「パリの地下はすべて水と火の道です。火がガスといって形なくして燃え、火炎が実に清明で、夜も満面を照らして昼間のようです……」

渡仏時代、ヨーロッパ文明の先進性に目を見張った栄一は、パリの街頭でガス灯を目にしたときの感動を、郷里へ送った手紙のなかで無邪気に書き記している。

明治維新後には、日本でもガス灯が導入され、事業は東京会議所が担当、後に東京市瓦斯局に移管された。ガスの将来性を予見していた栄一は、会議所の事務長、瓦斯局の局長を引き受け、草創期のガス事業を先導している。

だが、街路灯はまだ数百基、需要はごく少なく、五年六年たっても経営は赤字続き。おまけに、明治十一年（一八七八）に電灯が日本に上陸。「電灯の前ではガス灯は月夜の蛍《ほたる》同然」と言われたところへ、瓦斯局の民間払下げ運動が勃発。栄一は民営化論者だったが、血税をつぎ込んだ事業を安値で投げ出しては、市民に申し訳がたたないと突っぱね、事業継続に踏み留まった。やがて彼の見込み通りに経営は黒字に転換。そして明治十八年、事業の地盤が固まったところで、瓦斯局は民間に払下げられた。

一度頓挫《とんざ》をきたしても、容易にはあきらめない。ときには土俵際でぐっと踏ん張り、騒ぎが収まるまで耐える。その粘り腰が、渋沢流の「勇気を鼓した忍耐」なのだ。

30 実業界にも王道、覇道《はどう》がある

政治に王道、覇道の別のあるがごとく、実業界にもまた王道、覇道の別がある。

——『青淵先生訓言集』「実業、経済」

▼力ではなく、徳によって社員を率いるべし

覇道と王道という言葉がある。

最近では「王道」と言うと、「王者が正々堂々と歩む、ど真ん中の道」というような意味合いで用いられることがあるが、これは正しい用法ではない。本来は理想の政治を表現する儒家の語で、『孟子』には「力を以て仁を仮《か》る者は覇なり。覇は必ず大国を有す。徳を以て仁を行う者は王なり。王は大を待たず」という名文がある。

覇道とは、実力を恃《たの》み、仁義の名を借りて人を圧する道で、必ず大きな国を持つ。だが、力で服従させる覇者に、民衆は心から従っているわけではない。

一方、王道とは、徳によって仁政を行う道で、必ずしも強大な国を持たない。だが、徳によって服従させる王者には、人々は悦《よろこ》んで誠意をもって従う。

この覇道・王道のたとえを、栄一は自分流に咀嚼《そしゃく》して、実業の世界にもうまく使っている。「実業者のなかで、その一家の富のみをはかるのは、覇道。公利公益に努めるのが王道だ」。

場合によっては、三菱の岩崎弥太郎のように、覇道が功を奏することもあるだろう。だが栄一は事業の経営にあたっては、覇道を排し、あくまで王道を行おうとした。そしてそれはビジネスの世界のみならず、彼の人生そのものの道筋でもあったのだ。

第3章

成功・失敗にこだわるな！

――品格を磨き、人間の標高を高める

渋沢栄一名言録③

1 『論語』を常に座右《ざゆう》から離したことはない

私は平生《へいぜい》、孔子の教えを尊信すると同時に、『論語』を処世の金科《きんか》玉条《ぎょくじょう》として、常に座右から離したことはない。

――『論語と算盤《そろばん》』「処世と信条」

▼心にぶれることのない軸をつくれ！

栄一は、子どものころに父親から『論語』の素読の手ほどきを受け、七歳ごろからは従兄《いとこ》で師匠格の尾高惇忠《あつただ》から『論語』を丁寧に学んでいる。だが、郷里を出て憂国の志士となった青年期から、維新後の大蔵省仕官時代までの十余年は、あわただしい毎日が続き、『論語』を熱心に読み返すこともあまりなかった。

ところが明治六年（一八七三）、大蔵省を辞していよいよ実業界に足を踏み入れようとしたとき、ふと考えた。「これからの荒波を乗り越えるうえで、処世の拠り所となるものは何かないだろうか？」——そこで思い起こしたのが、『論語』だった。

仁義忠孝を説く『論語』は、奇跡を吹聴《ふいちょう》することなく、いつの世にも万人に通じる実用的な教訓を豊富に示している。ならば、これを拠り所として身を修め、商売をし、商人の道徳を高め、そして実業界を発展させよう——そう栄一は決心したのだ。

時代の変革という激流に、栄一は『論語』という竿《さお》を差して、巧みに船を漕いだ。

キリスト教や仏教には無知だと栄一は告白しているが、『論語』ではなく、聖書や仏典を座右の書とする人もいるだろう。いずれにしろ、めまぐるしいビジネスの世界に身を置きながら、ぶれることのない座標を胸のうちに備えた人間は、容易なことでは動じない。巨人の強靱《きょうじん》なヴァイタリティーの秘密が、ここにありそうである。

2 親は自分の思い方ひとつで、子を孝行にも、不孝にもする

親は自分の思い方ひとつで、子を孝行にしてもしまえるが、また不孝の子にもしてしまうものである。

――『論語と算盤』「教育と情誼」

▼偉大な実業家の意外な弱点とは

偉大な人間を父親に持った人間は、労せずして恵まれた富貴と、親や周囲からの重圧の間で翻弄《ほんろう》され、しばしば不幸な人生を歩む。

栄一の父・市郎右衛門《いちろうえもん》は経営の才をもった勤勉な農民で、長男の栄一にはもちろん家業を継ぐことを望んだ。だが息子に自分を超える才能を認めると、彼が家を出て志に向かうことをはばまなかった。栄一は、道を強いることをせず、息子の理想を尊重したこの父親を終生深く敬愛し、志を遂げることでその慈愛に報いようとした。

では、自分の子どもには、栄一は、どう対していたのだろうか。

栄一は病没した先妻と後妻との間に、合わせて七人の子をもうけている。長男の篤二《とくじ》は三十二歳のときに生まれた待望の男児で、嫡男《ちゃくなん》として大切に育てられた。ところが、親の七光りを浴びた篤二は、長じると放蕩《ほうとう》のあげく新橋の芸妓に惚れ込み、妻を捨てて別宅で同棲する始末。困り果てた栄一は大正二年（一九一三）、相続人には不適格として、ついに篤二に廃嫡《はいちゃく》処分の決定を下した。篤二はこのとき四十一歳。壮年で閑居の身となり、以後ひたすら日蔭の余生を過ごすことになる。

日々仕事に忙殺された栄一は、息子と接する時間をあまり持てなかったらしい。「孝」という言葉を口にするとき、栄一の胸には複雑な思いが去来したことだろう。

3 成功失敗は身に残るカスである

成功失敗の如きは、いわば丹精《たんせい》した人の身に残る糟粕《そうはく》のようなものである。

――『青淵《せいえん》百話』「成敗を意とする勿《なか》れ」

▼本当に大事なものは目には見えない

「糟粕」というのは、酒の「しぼりかす」のことだ。そういえば、栄一はお金のことも「働きのカス」だと言って憚《はばか》らなかった。成功も財産も、そして失敗も貧窮もまた、あくまで行動の結果である。そのことばかりに気をとられて生きるのは、前途を照らす灯火を見ずに、後ろを向いて前へ進もうとするに等しい愚行だ。

現代の人は唯《ただ》成功とか失敗とかいうことを眼中において、それよりもっと大切な天地間の道理を見ておらない。〈『青淵百話』「成敗を意とする勿れ」〉

昨今のビジネス本には「成功者」への近道を謳《うた》うものが多いが、こと成功と失敗という問題に関しては、栄一はじつに含蓄《がんちく》のあるセリフをいくつも残している。

世のいわゆる成功は必ずしも成功でなく、世のいわゆる失敗は必ずしも失敗でない。一時の成敗は長い人生、価値の多い生涯における泡沫《ほうまつ》のごときものである。〈『論語と算盤』「成敗と運命」〉

巨万の富を積んだからとて、必ずしも成功者ではなく、窮途《きゅうと》（行き止まりにいたる道）に彷徨《ほうこう》しているからとて、必ずしも失敗者ではない。〈『青淵先生訓言集』「道徳、功利」〉

では、本当の成功とはいったい何なのだろうか？

4 事の成敗以外に超然として立て

いやしくも事の成敗以外に超然として立ち、
道理に則《のっと》って一身を終始するならば、
成功失敗のごときは愚か、
それ以上に価値ある生涯を送ることができる。

——『論語と算盤』「成敗と運命」

▼身に残るカスのことなど気にするな

田舎から都会に出てきて、平社員から重役にまで登りつめた。自分で起業して、上場会社の社長になった。株で大儲けして、キャッシュで家を買った……。

「成功」という言葉の意味するところは、人によって、あるいは時代によって、さまざまかもしれない。だが少なくとも栄一の基準では、これらはどれも成功の範疇《はんちゅう》には入らない。「事の成敗は、もっと大きな視点から判断しなければ見誤ってしまう」と彼は戒める。そうしなければ、不正に得られた結果が「成功」として尊ばれることになりかねず、社会の腐敗をも招きかねない。そして自信をもってさらにこう語る。

真の成功とは、「道理に欠けず、正義に外れず、国家社会を利益するとともに自己も富貴《ふうき》にいたる」ものでなくてはならぬ。〈『青淵百話』「成功論」〉

栄一節全開だ。とにかくまず誠実に努力する。それでも失敗したというのなら、自分の力が及ばなかったせいだと納得する。また仮に成功者だと騒がれても、己《おの》れの知恵がたまたま活用されただけと考えて、振り向かずに前を見つづける。

だが、これでもまだ足りない。人間にはまだこの先がある。成功も失敗も、どうでもいい、その次元を超越して立て！――それはまさしく「七十にして心の欲する所に従って、矩《のり》を踰《こ》えず」（『論語』「為政《いせい》」）、栄一が理想とした境地だろう。

5 日に新たの、心掛けが肝要である

日々に新たにして、また日に新たなりは面白い。すべて形式に流れると精神が乏しくなる、何でも日に新たの、心掛けが肝要である。

――『論語と算盤』「理想と迷信」

▼毎朝がすがすがしければ、着実に進歩する

「苟《まこと》に日に新たに、日々に新たに、また日に新たなり」

栄一がしばしば引くことを好んだ、中国の古典『大学』にある言葉だ。

今日一日、己れを真に革新することに努めよ。もしそれを日々続けることができれば、日一日と確実に己れを革新してゆくことができる。――殷《いん》の湯《とう》王はこの句を洗面の器に彫り、日々の自戒の言葉として肝に銘じたという。

『渋沢栄一伝記資料』全六十八巻という、とてつもない叢書《そうしょ》がある。渋沢栄一という一人の人物の生誕から没年までを、日記・談話・新聞・雑誌等、ありとあらゆる資料を事業ごとに分け、編年式にならべることで、精細に記録しようとしたものだ。ことに壮年期以降については、日誌のように栄一の言行が詳述され、変化に富んだ激動の日々が、おのずと浮き彫りにされている。まさに日々に新たである。

だが、万人が栄一の真似をして、激務の毎日を送ればいいというものではないだろう。そもそも、ただたんに一日一日が違うというのと、新しくなるというのは、同じことではない。栄一は、重要なのは「心掛け」だと、はっきり強調している。

今日は昨日よりも新しく、明日は今日よりも新しい。

心の底からそう言えるようになりたいものだ。

6 カッフヘェーという豆を煎《せん》じたる湯、頗《すこぶ》る胸中をさわやかにす

ブールという牛の乳の凝《かた》まりたるをパンへぬりて食せしむ。味はなはだ美なり。[……]食後カッフヘェーという豆を煎じたる湯を出す。砂糖、牛乳を和してこれを飲む。頗る胸中をさわやかにす。

――『航西日記』

▼食わず嫌いでは冒険はできない

子どものころ、はじめてコーヒーを飲んだときのことを憶えているだろうか。好奇心にかられて黒い液体をスプーンですくいとり、一口なめてみる。でもたちまちその苦みに顔をしかめ、「こんなまずいものを、なんで大人はおいしそうに何杯も飲むんだろう」――そう思ったことはなかっただろうか。

日本にいつコーヒーが入ってきたのかは定かではないが、江戸時代の長崎にはすでにオランダ人が持ち込んでいたらしい。そしてこの液体を味わった日本人はあらかた、われわれの子ども時代と同じような反応を示したようだ。オランダ船でコーヒーを飲んだ随筆家の大田南畝《なんぽ》は、「焦《こ》げくさくして味うるに堪えず」と書き残している。

ところが栄一はどうだろう。幕末期、フランスに向かう船上ではじめて口にしたコーヒーを堪能し、バター《ブール》を塗ったパンを頬張る。そしてパリでは、ガス灯や水道に感嘆し、ひしめく銀行や会社に目を見張り、チョンマゲをあっさり切ってざん切り頭にしている。勤皇攘夷《きんのうじょうい》のお侍が、たちまち西洋かぶれに早変わりだ。

変節漢と諷《ふう》する人もいるかもしれない。だが、彼のその後を見れば、これはむしろ栄一持ち前の好奇心、そして驚くべき観察眼と順応力の顕《あらわ》れと言うべきではないか。

試練をチャンスに、不安を発見に。この柔軟なる順応力をものにしたいものだ。

7 徳川慶喜《よしのぶ》公の御伝記を終生の事業として作り上げる

徳川慶喜公の御伝記の完全なものを、
私が終生の事業として作り上げたいと思うのは、
決して偶然のことではない。
私一身の特別な境遇にその動機を発し、
種々なる事情によりして
ますますその心を強くしたのである。

――『徳川慶喜公伝』自序

▼世話になった人を見捨てるな！

　幕末期、攘夷の志士・栄一は、いくつかの縁が重なって一橋《ひとつばし》慶喜の家来となった。栄一が二十四歳、慶喜二十七歳のときのことだ。そして仕官して二年ほどたった後、慶喜は徳川宗家《そうけ》を相続して、十五代将軍に就任する。

　幕府がいずれ倒れるのは必至とみて、主君の将軍継嗣《けいし》を諫《いさ》めていた栄一はこのとき、「慶喜公も名利を好む普通の大名にすぎなかったのか……」と深く失望した。事実、慶喜の弟の随員として渡仏している間に大政奉還が行われ、幕府は滅亡。帰国後、静岡に蟄居《ちっきょ》する旧主を訪ねた栄一は、その落魄《らくはく》した姿を目にして涙を流した。

　徳川幕府の幕を引いた最後の将軍・慶喜に対しては、途中で政権を投げ出した敗残者という見方が当初は一般的だった。栄一もそうだった。だが、慶喜のもとをしばしば訪れるうちに、幕末の政局が、すべて国を大乱に陥らせないための、深慮にもとづく行動だったことに気がつく。さらに栄一は、維新後は一貫して恭順謹慎《きょうじゅんきんしん》を守る慶喜の姿に、「私を棄てて公に従う」という、犠牲的精神の極を見るようになった。

　かくして栄一は、旧主の事績を正確に残すべく、私財をなげうち、本人からの聞き取りをまじえ、二十年余の歳月をかけて『徳川慶喜公伝』全八冊を完成させている。

　栄一にとってそれは、実業界の仕事と同等に大切で、尊い事業だったのである。

8

必要があれば柩《ひつぎ》を船に載せて再び渡ってまいります

自分はこれで四回アメリカに来て
わずかばかり日米親善のために骨を折った。
しかし自分はこれが最後とは思っていない。
もしまた必要があれば
自分は柩を船に載せて再び渡ってまいります。

——サンフランシスコでの演説（大正十一年一月）

▼人類皆兄弟、ビジネスに国境はない！

栄一の業績を一口で紹介しようとするとき、まず思い浮かぶのが「日本資本主義の父」という惹句《じゃっく》だ。だから、評伝や研究書の多くは、彼の経済人としての活躍に焦点をあてることになる。一方、ドラマチックな展開を好む小説家たちは、幕末から維新へと疾走した青年期の栄一の描写に、ページのあらかたを割く。

だが、それらは栄一の数ある顔のひとつにすぎない。彼が、六十を過ぎてから没するまでの三十年、民間経済外交に精力的に携わったことを忘れてはいけない。

とくに力を入れたのがアメリカとの交流で、計四回、長期の渡米を実施している。

民間外交というと、金持ちの道楽のように思えるかもしれない。だが、若いころから「日本はグローバル社会の一員」という視点があった栄一は、他国の経済人や指導者と交流をはかることで、貿易や投資などの現実的な問題を解決し、国際関係を円滑にして、日本の実業界の地位を世界レベルにまで引き上げることにも取り組んだ。

外国から見ても、政財界に広く人脈をもつ栄一は信頼度抜群で、知名度も高かった。アメリカでは、敬意を表して「グランド・オールドマン」と呼ばれている。

引用したのは、四回目、最後の訪米時の、帰国を前にした送別会での辞。ワシントン軍縮会議のオブザーバーとして渡米した栄一は、このとき八十一歳だった。

9 人の生涯を価値あらしむるは晩年なり

人の生涯をして価値あらしむるは、一《いっ》にかかりてその晩年にある。

――『青淵先生訓言集』「処事、接物」

▼人間は、死ぬまで生きることができるのだ!

昭和五年（一九三〇）の暮れ、九十歳の栄一のもとに、社会事業家らおよそ二十名が面会を求めてやって来た。「寒さと飢えに苦しむ窮民《きゅうみん》のために救護法が制定されたが、予算の裏付けがないので、なかなか施行されない。渋沢栄一の尽力でそれを何とか促進してほしい」――これが彼らの要望だった。

このとき栄一は風邪《かぜ》で寝込んでいたが、白い鬚《ひげ》をのばしたままの顔で、身に羽織《はおり》をまとって応接間に現れ、「老いぼれの身でどれだけお役に立つかしれませんが、できるだけのことはいたしましょう」と約束した。

そして、すぐに大蔵大臣と内務大臣に面会申し込みの電話をかけ、家族や医師が引き留めるのもかまわず、みずから車上の人となったのである。

翌年十一月に栄一は天寿を全うした。救護法が実施されたのはその後になってしまったが、この面会の際、彼は「これは私に与えられた最後の義務」と答えたという。

「天意夕陽《せきよう》を重んじ、人間晩晴《ばんせい》を貴《とうと》ぶ」――栄一が愛誦した中国聖賢の言葉だ。雲ひとつない真昼の快晴よりも、雨があがり、雲が流れてようやく晴れ上がった宵の空のほうが、ずっと鮮やかで、美しい。

10 成功したら社会に恩返しするのが当然だ

どんな利巧《りこう》な人でも、
社会があるから成功することができるのだ。
だから成功したら社会に恩返しするのが当然だ。

――渋沢秀雄『渋沢栄一』より

▼社会事業にも献身した栄一の筋の通った生き方

栄一は養育院や病院の運営など、社会事業にも非常に熱心で、すでに三十代なかばでこれに取り組んでいる。欧米でキリスト教精神にもとづいた慈善会《バザー》をたびたび見聞した彼は、日本にも儒教精神に則る慈善事業を定着させようと考えたらしい。

また社会的に必要と判断したら、快く寄付金に応じた。そんなとき栄一は、家族に「私の道楽を許してもらわなければ……」などと言って承認を求めたという。また、自ら勧進役をかって出て、資産家連中から寄付金を集めるのもしばしばだった。

こんなエピソードを息子の秀雄が紹介している。

ある日、服部時計店の創始者・服部金太郎が、博文館創業一族の大橋新太郎を相手に将棋をさしていると、栄一がやって来てこう言った。「イタリアの骨相学者に診てもらいましたら、私は百七つまで生きるんだそうですよ」。

すると服部は、手にした将棋の駒を盤上に投げ出して、立ち上がった。

「えっ、それは大変だ。渋沢さんに百七つまで生きられちゃ、これからどれだけ寄付金のご用があるかわからない。将棋どころじゃありません。もっと稼がなくちゃ」

服部は、栄一の道楽相手のひとりだった。――この即妙の受け答えを聞いて、周囲はドッとわいたという。

11 求められたら、成功・失敗にかかわらず、すべてをありのままに話す

時間の許す限りは誰とでも面会して、意見を徴《しる》さるれば意見を述べ、経験談を問わるれば成功と失敗とにかかわらず、すべてをありのままにお話しをするようにしている次第である。

――『青淵回顧録』「現代青年の短所と通弊」

▼人脈の輪を広げ、情報力を身につける秘訣とは

世の中には、一方的にしゃべりつづけて自分の意見を他人に聞かせようとする人間と、よろこんで他人の言葉に耳を傾ける人間の、二つのタイプがあると言える。

栄一の懐旧によれば、維新の元勲《げんくん》のなかでは、大隈重信《おおくましげのぶ》は前者、山県有朋《やまがたありとも》は後者だったという。では、栄一本人はどうだっただろうか。

栄一はユーモアのある明るい人柄で、スピーチの名手だった。加えて相手の意見にも誠実に耳を傾ける、聞き上手でもあった。つまり、人の意見を聞きながら、自分の意見を聞かせるという、折衷《せっちゅう》タイプだ。

晩年の栄一が日々面会の時間を設けて、来客を厭《いと》わなかったというのは、すでに触れたが、若き日の栄一は、日夜幕末・維新の歴史に名を刻む一流の人物と接し、彼らからじつに多くのことを学んでいる。徳川慶喜・近藤勇《いさみ》・土方歳三《ひじかたとしぞう》・西郷隆盛・大久保利通《としみち》・伊藤博文《ひろぶみ》……。「偉大な人物と出会うと人間が活性化できる」と語る栄一は、各界の人間から生きた情報を仕入れ、さらにそれを分析して活用する鋭い感覚を養っていった。そして、乞われれば乞われるままに包み隠さず自身の体験を明かし、みずから優れた情報の発信者ともなって、人脈の輪をより一層広げていった。

汲《く》めども尽きぬ新鮮な情報の泉——それが人間渋沢栄一だったのである。

12 人の世に処するには、堅固にして正当なる目的を持たねばならない

人の世に処するについては、ぜひとも堅固にして正当なる目的というものを持たねば、やって行く事柄が、あるいは右へ振れ、あるいは左に動き、その意思がとかく変化しやすくなる。

――『青淵回顧録』「堅固正当な目的を持て」

▼だらしのない小心者になってはいけない!

少年時代の栄一は、先祖伝来の土地を受け継いで聡明な百姓になり、郷里を豊かにすることを、人生の目的に置いた。だが、青年にいたって風雲急を告げる時勢となると、尊王攘夷の志士となって一身を国事に捧《ささ》げることに、人生の目的を置き換えた。ところが、時代が変わって明治になると、今度は日本の実業界を発展させて、国を豊かにすることを人生の目的にすえた。以来、その目的を空想に終わらせずに全うすべく、栄一は事業経営の道を突き進んだ。

転職を重ねたようなものだが、しかし人生の目的がその時々で明確であったからこそ、栄一は終始沈着に判断し、適確な行動をなしえたともいえる。また別のところで、栄一は「立志は人生という建築の骨子で、小立志はその装飾である」と述べている。ここでいう立志とは、「人生の目的」と言い換えてもいいだろう。

ただし、必ずしも独立して自営することを目的とするのが望ましいとはかぎらない。人には、雇うことで力を発揮するタイプもあれば、雇われて力を発揮するタイプもある。——栄一はそう説きながらも、「自分がお金を儲けることのみを、富を築くことのみを、人生の最終目的に置くことは、決してよろしくない」と、おのれの「『論語』と算盤」哲学を披露することを忘れてはいない。

13 行わざる志《こころざし》は、空砲である

志すことは必ず行わねばならない。
行わざる志は、空砲である。
無駄花《むだばな》である。

——『青淵先生訓言集』「処事、接物」

▼「夢」ではなく、「志」が人生の道筋を決する

武士になって国を動かす！――栄一は十七歳のとき、そう志を立てた。

そして郷里を離れて、江戸・京都へ出、縁あって一橋家の家来となり、いちおう武士の身分とはなった。だが、それからわずか三年ほどで明治維新となり、幕府は倒れ、武士階級そのものが消滅してしまった。――青年の初志は、ここに潰《つい》えた。

栄一は言う。立志にあたっては、自分の長所と短所を冷静になって比較考察し、その長所をできるだけのばすことを考えるべきだ。社会の風潮に安易に動かされて、うかうかと志を立てると、それを実行に移しても途中で頓挫《とんざ》して、無駄骨に終わる。

本人は、「政治の世界に身を投じたのは、短所に向かって突進するようなものだった」「郷里を出てから大蔵省に出仕するまでの十五年間は、無意義に空費したようなもの」と、青年時代の立志を深く悔いている。だが、後世の人間から見れば、このときの体験が、むしろ実業家として大成する糧《かて》になったと映る。血気にあふれた深谷の青年の志が夢想に終わっていたなら、大実業家・渋沢栄一は誕生しえなかった。

そして三十を過ぎてから、栄一は「実業の世界で身を立てよう」と新たに志を立てた。自分の長所は商工業の分野にあると自覚したのだろう。すると水を得た魚のように生き生きと動きはじめ、見事に志を貫いて、大輪の花を咲かせたのである。

14 交際が親密になるほど、敬意を厚くせよ

交際が親密になるほど、互いに敬意を厚くするは、最も大切のことである。

――『青淵先生訓言集』「処事、接物」

▼「親しき仲にも礼儀あり」――が真の交友を長続きさせる

明治六年（一八七三）、栄一は官から野に下り、第一国立銀行（第一銀行）を立ち上げた。このとき、出資元の三井組から行員として入ってきたのが佐々木勇之助である。佐々木はまだ弱冠十九歳で、栄一より十四も年下だったが、すぐに洋式簿記《ぼき》をマスターし、たちまち課長に抜擢《ばってき》され、優秀な銀行家に成長した。そして、大正五年（一九一六）、栄一は財界から身を引くとき、第一銀行頭取の職を彼に託している。

佐々木は、栄一の右腕と呼んでもいいだろう。だが、栄一は決して彼を馴《な》れ使うようなことをせず、また佐々木も栄一に甘えるようなことはなかった。

「相変わらずお早くって……今日はお天気で結構だ」

「お変わりがなくて結構でございます」

銀行創業以来、二人はほぼ毎日のように顔を合わせる間柄だったが、四十年たっても、丁寧にあいさつを交わしてから、用談に入ることを常としたという。

「久しくしてこれを敬す」（『論語』「公冶長《こうやちょう》」）。――親しさに任せて関係が馴れ合いにいたると、ときにつまらぬことから怨恨《えんこん》が生じ、仇敵《きゅうてき》同士となって泥仕合《どろじあい》に発展してしまうものだ。どんなに交遊が長くなっても、互いに距離を保って変わることなく相手を尊敬しあう。それが真の交際を、長く、太く保つ秘訣でもあろう。

15 人間は己《おの》れを棄てて、我を徹さぬようにしなければならぬ

人間は己れを棄てて
我を徹さぬようにしなければならぬ［……］
かく心掛くれば常に正しい道理の上に立って
物事を判断することができ、
堪忍《かんにん》の習慣を馴致《じゅんち》するようになる。

――『青淵回顧録』「堪忍強くなる様に修養した体験」

▼忍耐と卑屈の区別を立てて、何が正しいかを見極める

明治なかば、東京市は水道工事に着手した。その際、水道管を国産品にするか、外国製品にするか、という議論がわき起こった。

国産論者は鉄管製造会社を設立して市に売り込み、さらに財界の大物である栄一を役員に招こうとした。だが以前、ガス事業で国産の粗悪な鉄管に苦しんだ経験をもつ栄一は輸入品論者で、おまけに当時は市の参事会員を務めていた。買う側の役員が、売る側の役員を兼務するわけにはいかない。当然、栄一は断った。

そんななか、明治二十五年（一八九二）の師走《しわす》、栄一を乗せた二頭立ての馬車が兜町《かぶとちょう》の家を出ると、男が二人、刀を抜いて馬車に襲いかかった。ひとりは馬の片脚に斬りつけ、もうひとりは車の窓に突きを入れる。ガラスが割れ、栄一は指を切った。御者は懸命に鞭《むち》で暴漢を追い払い、馬車は懇意にしていた近くの呉服店に寄り、栄一は傷の手当てを受けた。一方暴漢は、ほどなく警官に捕らえられている。

栄一を国賊呼ばわりする強硬な国産論者が、壮士《そうし》を差し向けたという噂が立った。

水道管には強引に国産品が採用されたが、方々で水漏れを起こし、結局外国製品に換えられた。壮士の一人は出獄後、栄一に面会して詫び、指嗾《しそう》者の名を告げようとしたが、栄一はそれを押しとどめ、更生の足しにと、若干の金を渡したそうだ。

16 人は死ぬまで学問と考えなくてはならない

学問すなわち実務、実務すなわち学問である。
学校で学ぶ学問は、
のちに学ぶ実務の下ごしらえである。
ゆえに人は死ぬまで学問と考えなくてはならない。

――『青淵先生訓言集』「学問、教育」

▼修養を怠れば、人間の品格はどんどん墜ちる

栄一が「学問」と言うとき、たとえば朱子学や機械工学など、専門的な知識や理論の学術的な考究を指している場合と、「学び問う」という行為、すなわち前者を含む広い意味での修養全般を指している場合とがある。

前者についていうと、専門的な学問と、ビジネスの世界は本来表裏一体のはずであり、実業と適合しない学問は、本当の学問ではない、というのが栄一のかねての持論だった。そんなものは世の何の役にも立たない空理空論にすぎないというわけだ。『論語』にも「民人《みんじん》あり、社稷《しゃしょく》あり、何ぞ必ずしも書読みて然《しか》る後に学となさん」（「先進」）とある。社稷とは祭祀される神々のこと。つまり民を治め、政《まつりごと》をして国を営むこともみな学問であり、難解な書物を読むことばかりが学問ではない。

そして、後者の広義の学問に関しては、「人間は学校を卒業しても、生涯つねに学ぶことを怠らず、おのれの修養に努めつづけなければならない」と栄一は述べる。栄一の生き様について、かつて作家の城山三郎は「知識を吸収する吸収魔」と評したが、たしかに旺盛な知識欲、学習精神は、彼の生涯から失せることがなかった。

修養はどこまで行《や》らねばならぬかというに、これは際限がないのである。〈『論語と算盤』「人格と修養」〉

17 社会が私を信じ、援助してくれたからであって、私一個の力ではない

私自身では大なる富を造ることはできなかったが、実業方面においては、その進歩に相当の力を添えたと申し得るつもりである。しかしてこれは私自身に資本があったためではなく、社会が私を信じ、私を援助して下さったからであって、決して私一個の力ではないのである。

――『青淵回顧録』「資本よりも信用」

▼この度量の広さが、日本のフロンティアを拓いた！

栄一が九十一年の生涯のうちに携わった役職は、実業・経済関係が五百、公共・社会事業関係は六百にのぼったといわれる。だが、これだけの仕事をこなしつつも、本人は蓄財して財閥《ざいばつ》を築くことを潔《いさぎよ》しとはしなかった。保有する株式の運用管理のために同族会を組織してはいるが、自分が関係する会社に対しては、総発行数の五パーセント以上の株は持たないという原則を立て、みずからを厳しく律している。

そして自身の資産について、「国家の経済を説く者がみずから窮乏《きゅうぼう》して他人に厄介をかけるようでは、『医者の不養生』と同じだから、相当に恥ずかしからぬだけの富は造った」というようなことを述べている。こんなキザなセリフが嫌味にならない人間は、世の中にそうはいないだろう。

そして引用の言葉である。「自分が日本の実業界の発展に尽くすことができたのは、私にお金があったからではなく、みなさんが私を信頼してくださったおかげだ」――栄一の度量の広さを、改めて思い知らされる。

発展も好景気も一個人の力でないならば、衰退や不況にしても、同じことだ。それは決して海の向こうの誰かさんの仕業《しわざ》ではない。自分もその加担者かもしれない。日本ビジネス界の偉大な先人の言葉を、今こそ、重く深く受け止めてみたい。

第4章

渋沢栄一・激動の生涯をたどる

——日本近代ビジネスのトップリーダーの足跡

1 飛翔への序曲——誕生から青年期まで

渋沢栄一の原風景

真っ青な澄んだ冬空に、ゴーゴーと音を立てて冷たく乾いた風が吹きつのる。赤城山《あかぎやま》から関東平野に一気に吹き降りる、上州名物の赤城おろしだ。

そんな風を気にもとめず、広がる田畑を縫って続く道を、何やら書物に読みふけりながら、とぼとぼ歩いている鳶口髷《とびぐちまげ》の少年がいた。今日は正月の年始まわりなので、紋付き袴《はかま》の晴れ着姿である。歳はまだ十だ。

「あっ！」

少年の姿が不意に路上から消えた。

読書に夢中になるあまり、足元を誤って道の脇のドブに落ちてしまったのだ。晴れの衣裳が台なしだ。でも、手から書物は離さなかった。

「何ですか、その格好は！」

晴れ着を泥だらけにして帰ってきた息子の情けない姿を見て、ふだんは優しい母親も「困った子だ」とあきれかえった。

この泥まみれの子が、後に日本のビジネス界のリーダーとなる渋沢栄一である。

渋沢栄一は、天保《てんぽう》十一年（一八四〇）二月十三日、武蔵国榛沢郡血洗島村《むさしのくにはんざわごおりちあらいじまむら》（埼玉県深谷《ふかや》市血洗島）に生まれている。現在のＪＲ高崎線深谷駅から八キロほど、赤城山のふもとの、利根川河畔に広がる、のどかな農村である。幼名を市三郎といった。

生家は農耕・養蚕《ようさん》に励むかたわら、藍玉《あいだま》の製造や掛売《かけうり》などの商いも営む、富裕な農家だった。渋沢姓を名乗る家はこの村に十数軒あったが、なかでも栄一の家は「中の家」といってその宗家にあたり、当主は代々、市郎右衛門《いちろうえもん》と称した。

栄一の父である市郎右衛門は婿《むこ》養子として家を継いだが、謹厳実直な勤勉家で、加えて学問もあり詩や俳諧もたしなむといった具合で、田舎には珍しいインテリでもあった。傾きかけた家運を盛り返し、村人からは尊敬され、名主見習となり、領主から特別に名字帯刀を許されるほどの人物だった。

そして妻の栄は世話好きで、慈愛に富んだ女性として、村でも評判だった。

そんな両親の愛情を受けて育った栄一は、五歳ごろになると、父親みずからの手ほどきで、跡継ぎとして厳格な教育が施された。はじめは文章の素読である。意味を教わらずに、ただ声に出して文字を読むだけだったが、栄一の記憶力は抜群で、父の期待に応えるように熱心に学んだ。後に座右《ざゆう》の書となる『論語』を栄一が読んだのは、このときが最初である。

こうして一年ばかりがたった。仕事合間の家庭での教育では、この聡明な息子はとても満足しないだろうと見た市郎右衛門は、今度は栄一を、隣村の手計《てばか》村に住む尾高惇忠《あつただ》（新五郎）のもとへ通わせることにした。

尾高惇忠は栄一の父方の従兄《いとこ》で、当時はまだ十六歳ほどだったが、名主の息子で幼時より学問を好み、すでに博学の士として地元では評判の青年だった。栄一は毎朝この従兄のもとに通い、二時間ほど読書することを日課とした。四書五経、『史記』『日本外史』などの中国・日本の史書からはじまって、しだいに『里見八犬伝』や『三国志』など小説の類にも手を伸ばすようになった。

要するに、当時としては手当たり次第に乱読したわけで、好奇心の旺盛な栄一は机の上でのみならず、やがて畑を耕しながら、寝ながら、道を歩きながら、読書にふけ

渋沢栄一の生家。明治25年の失火全焼後に再建されたもの。

るようになり、あげくドブに落っこちたというわけだ。

江戸時代、日本の未成年者の教育機関は、武士階級を除けば整っておらず、町人や農民の子は寺子屋で初歩的な読み書きや算盤《そろばん》を習うのがせいぜいだった。もちろん、当時はその程度の学習で充分と考えられていたせいでもあった。

そんななかで、良師に恵まれて少年時から広範な知識を吸収し、向学心をつけ、とくに漢学と歴史の素養を自身の血肉にできたことは、新時代に入って栄一が活躍する際に、大いに役立つことになる。

家業でビジネス魂を発揮

嘉永《かえい》六年（一八五三）、この年の六月にペリーが浦賀に来航している。

幕末維新の序曲がいよいよ奏でられはじめた。

血洗島の栄一は、十三歳になっていた。

「一通りの知識が身につけば充分。儒者になるわけでもないのに、いつまでも昼夜読書三昧では困る！」

そう父親にたしなめられた栄一は、このころは勉学もほどほどに、日がな田畑へ出、草取りをし、藍葉を育て、父の背中を見ながら、家業の手伝いに精を出すようになっていた。

渋沢家では、農業の他に、藍玉の商いにも力を入れていた。

藍玉というのは藍の葉を発酵させ、臼《うす》で突いて固めたもので、染料として用いられる。渋沢家では、自家で栽培したものはもちろん、近隣の農家の藍葉も熱心に買い入れ、それを藍玉に製造して、信州・上州の紺屋《こうや》（染物屋）に販売していたのだ。

藍葉の買い入れは毎年、市郎右衛門の仕事だったが、この年はたまたま紺屋まわりに行く時期と重なってしまったため、養父（栄一の祖父）にそれを託すことになった。

そして栄一には、

「おまえはおじいさんのお供をして、商いを見習いなさい」

と命じて旅立った。

だが、よぼよぼの老人と一緒にまわるのは何だか格好が悪く、どうにもおもしろくない。たまりかねた栄一は、ある日こう頼み込んだ。

「おじいさん、今日はぜひ私ひとりで行かせてください」

自信たっぷりの口ぶりで、しかも可愛い孫のたっての頼みとあれば仕方がない。祖父はいくらかの金子《きんす》を与えて、栄一をひとりで買い入れに行かせた。

栄一は早速家を飛び出して、近隣の村をまわったが、はじめは村人も子どもだと思ってまともに相手にしてくれない。そこで、栄一は考えた。藍の買い入れはこれまでにも父親に随って見聞きはしていたので、そのときの大人の口真似で気を惹こうと、相手の藍葉を手にとって、鑑定の弁をふるったのである。

「これは肥料が少ない」「肥料が〆粕《しめかす》じゃないね」「乾燥が悪いな」「茎の切り方がまずいよ」……

何とも小生意気な講釈だったが、村人のなかには「妙な子どもが来たな」とおもしろがる者も現れ、そのうち「なるほど」「どうしてわかる?」という調子になって、おいおい買い入れにも応じてくれるようになった。

翌日は他の村をまわり、行く先々でほめられているうちに調子も出てきて、その年のこの辺りの二番藍は、とうとう栄一ひとりでほとんど買い占めてしまった。

旅から帰った父親は、息子が買い入れた大量の藍葉を目にして、驚いた。だが、わが子の思わぬ商才を知って、大いにほめあげたという。

これが、実業家・渋沢栄一の記念すべき第一歩である。

「官尊民卑」打破を胸に抱く

安政《あんせい》三年(一八五六)、栄一は十六歳になった。

たのもしく成長した青年が父と一緒に熱心に仕事に励むうち、家業は着実に隆昌《りゅうしょう》し、市郎右衛門の家はいつしか村で二番目の富家と言われるほどになっていた。

そして秋に入ったある日のこと、村から一里ほどの岡部という村にある代官屋敷から、市郎右衛門の家へ呼び出しが来た。

血洗島村は安部《あんべ》摂津守《せっつのかみ》の領地だったが、「お姫様のお嫁入りだ」「若殿様のお乗り出しだ」「ご先祖様の御法会《ほうえ》だ」などと触れては、少なからぬ用金を領民から取り立てていた。武家政治の時代もとうとう末に近づくと、財政の悪化に苦しむ領主は、しきりに理不尽な要求を民衆に押しつけるようになっていたのだ。

血洗島ではその度に、村の富農の間で割り振って、用金を納めることにしていた。

このときの呼び出しももちろん用金上納の件だったが、市郎右衛門はちょうど差し支えがあったため、栄一が父親の代理として陣屋におもむくことになった。

出頭すると、横柄な代官が出てきて、市郎右衛門の家は五百両の調達を引き受けろということになった。安政年間、職人の日当がおよそ銀三匁《もんめ》だったというので、二十日間働いて六十匁＝小判一両という計算になる。となると、五百両はかなりの大金だ。

「自分は父の名代ですので、御用金の額はかしこまりましたが、いちおう父に申し聞けまして、改めてお受けに……」

と栄一が答えると、代官は嘲《あざけ》るように吐いた。

「貴様はいくつになるか」

「ヘイ、十七歳（数え）でございます」

「十七にもなっているなら、もう女郎買いの味も覚えたろう。父に申し聞くなどと、訳のわからぬことを言うな。そのほうの身代《しんだい》なら五百両など何ともないはずだ。すぐに承知したと返事をしろ！」

「私は父から、ただ御用を伺って来いと申しつけられただけですから、はなはだ恐れ入りますが、今ここですぐにお受けすることはできません」

「いや、そんなわけのわからぬことはない！」

強情な栄一と代官の押し問答が続いたが、栄一は頑として承知の返事を拒み通して、屋敷を出た。

家への帰り道、栄一の眼には、穂を垂らした稲も、美しい山なみも映らなかった。

「年貢をとったうえに、返すわけでもない金を取り立てる。おまけに、まるで貸したものを返せとでも言うような口ぶりだ。――こんな道理があるか！」

栄一の頭は、代官と、その後ろにのさばる武家階級、理不尽な身分制度への憤懣《ふんまん》で一杯だった。「こんなにバカにされるなら、百姓をやめたい」とすら思った。

帰宅すると、「代官がこんなわがままを……」と早速その日の一件を父親に訴えたが、「泣く児と地頭には勝てぬ」と市郎右衛門はあきらめ加減で、翌日、息子に御用金を納めさせた。

だが、栄一の胸に残った鬱積《うっせき》は、社会を閉塞させる封建制度への疑念へとつながって、永く消えることがなかった。

栄一の野太い反骨魂、そして官尊民卑《かんそんみんぴ》という偏見の打破への思いは、このとき、はっきりと形を現したのである。

一方、二百五十年以上続いてきた徳川の時代は、メキメキと音を立ててきしみはじめていた。

尊王攘夷の志士となる

文久《ぶんきゅう》三年（一八六三）――二十三歳になった栄一に、人生の大きな転機がやって来た。

すでに五年前、栄一は十八のときに妻をもらっている。相手は師・尾高惇忠の妹の千代《ちよ》で、栄一より一つ年下、いとこ同士だ。二十三のときに、娘も生まれている。

家庭を持ち、仕事のコツもおぼえ、農業や藍の商売を自分で工夫して広げて行くことがおもしろくもあった。このまま郷里で平穏な一生を送るのもいい、と思わなくもなかった。

だが、そんな思いとは裏腹に、世情はどんどん騒がしくなっていた。

ペリーの来航後、安政《あんせい》元年（一八五四）には日米和親条約が締結され、これにロシア・イギリスが続き、下田・箱館《はこだて》・長崎が開港された。だがこの外交問題を機に、幕府と朝廷の関係は緊張が高まり、将軍継嗣《けいし》問題や公武合体論と相まって事局は混迷を深めた。また、開港に不満を抱く諸藩の志士や浪人たちの間では、攘夷《じょうい》論と尊王《そんのう》論が結びつき、倒幕運動が広がっていた。安政六年には、大老井伊直弼《いいなおすけ》が倒幕運動に一大弾圧（安政の大獄）を加えたが、翌年、その井伊が尊攘派の志士によって江戸城の桜田門外で暗殺されるという、前代未聞のテロが起きた。そして外国貿易の影響で物価は高騰《こうとう》、尊王攘夷運動は激化して、外国人襲撃事件も頻発した。

京都を主舞台とした尊王攘夷、倒幕運動は、今や最高潮に達しようとしていた。

こんな時代の息詰まるような空気を吸っていれば、若い人間ならじっとはしていられない。栄一もそうだった。

「いつまでも田舎でのんびり百姓をしていてたまるか――」

切迫した時勢を思うと、鍬《くわ》を持つ手も止まりがちだった。

やはり従兄で、尾高惇忠の弟に長七郎という男がいた。剣術に長けた偉丈夫《いじょうふ》で、以前から江戸へ出て志士たちと交わり、血洗島に帰っては栄一たちに天下の形勢を語り、憂世《ゆうせい》を論じていた。

この従兄に刺激を受けた栄一も、すでに二十一のときに父親の許しを得て江戸へ遊学し、短期間ではあったが、剣術の道場に通い、儒者の塾に学び、浪士や志士たちと交わりを結んでいる。

かくして、いっぱしの憂国の志士をいつしか気取るようになっていたのである。

そして今、二十三歳の春、栄一は惇忠、もうひとりの従兄の渋沢喜作らと密議を重ねて、ついに一大攘夷作戦を実行することを決意した。

それはこんな計画だった。

まず高崎城を夜襲して乗っ取り、兵を募り、武具を整える。そして鎌倉街道を突っ走って横浜に向かい、開港場に着いたら一挙に焼き討ちにし、外国人を片っ端から斬り殺す――。

およそ無謀な暴挙だが、栄一たちは大真面目で、江戸と村を行き来しながら、密かに武器を買い集め、仲間を募り、そして決起の日を十一月二十三日（旧暦）と取り決めた。

だが、心残りなのは、家族のことである。

九月の観月の祝いのおり、栄一は父親と世間話をするうちに、それとなく一身を自由にしてもらう相談をはじめた。栄一としては、旗揚げ後に一族に迷惑がかかることをおそれ、計画を秘したまま、父親に勘当《かんどう》を願い出るつもりだった。

「このような時世に、百姓だからといって安閑《あんかん》としてはいられません。覚悟を決めて、国のために尽くしたいと思います」

「おまえの言うことはもっともだが、それは分限を越えた考えだ。百姓は百姓に安んじるのも、国に尽くすひとつの道だ」

「いえ、もはや農民・町人・武家の差別はなく、渋沢家一軒の存亡に頓着《とんちゃく》するつもりはありません。ましてや私一身の進退など、なおさらのことです」

こうして互いに諄々《じゅんじゅん》に論じているうちに夜が明けた。父親はしまいに息子の熱意におされ、「もう何も言わない、勝手にするがよい」ということになった。

「だが今、突然勘当と言っても世間も怪しむだろうから、家を出た後に勘当ということにしよう。これからはもう文句は言わぬから、よく注意してあくまで道理を踏んでほしい」

しかし、肝心の決起については、栄一は固く口を閉ざしたままだった。

「おまえは、いったいこれから何をするつもりなのか？」

父の最後の問いに、栄一は無言のまま江戸へ旅立った。

決起中止、故郷を捨てる

春以降、栄一は江戸と血洗島を往来して挙兵の準備に余念がなかったが、いよいよ挙行まであとひと月と迫ったころ、京都に逗留していた尾高長七郎が帰郷した。

長七郎にはすでに手紙で計画を報せていたが、周囲の期待とは異なって、彼は攘夷挙兵にまるで反対だった。

そしてある夜、長七郎を囲んで、計画の幹部連が惇忠の家の二階に集まった。

「今どき七十人や百人の烏合《うごう》の兵ではどうにもならない。決起しても絶対、幕府に討ち取られる。百姓一揆《いっき》とみなされて、犬死にだ」

近年の緊迫した京都の情勢を見聞してきた長七郎は、はやる栄一たちを抑え、自重を唱えた。とくに夏には公武合体派による政変が起きて、尊攘派は劣勢にあった。

だが、「倒幕の端緒となるなら、死んでもかまわない」と栄一は言い張って譲らない。

「どうしても挙行すると言うのなら、殺してでも止める！」

「どうしても止めると言うのなら、殺してでも挙行する！」

議論は夜を徹して続けられたが、静かに聞いていた惇忠が、道理の通った長七郎の自重説に傾くと、他の者もみなそれに従った。栄一も、冷静になって考えてみれば、長七郎の意見にうなずかざるをえなかった。無謀なヒロイズムに酔っていた自分に気づいて、目が覚めたのだ。

こうして決起は寸前になって中止と決まり、一同は解散となった。

だが、栄一はもはやこのまま郷里に留まるつもりはなかった。悪い噂が立って幕府の役人にいずれ目をつけられるおそれもある。

十一月、栄一は、周囲には伊勢参りに行くと告げると、喜作とともに、吹き荒れる赤城おろしを背に受けて、故郷の村を悄然と後にした。

2 幕臣となり、フランスへ――一橋家仕官とパリ外遊

京都に出て武士となる

元治《げんじ》元年（一八六四）正月、栄一と喜作は京都にいた。郷里を出奔《しゅっぽん》してから二ヶ月がたっている。二人は上等の旅籠《はたご》に宿をとり、志士のもとを往来して京都の形勢を探る、という優雅な日々を送っていた。

血洗島《ちあらいじま》を出るといったん江戸へ向かい、そこから東海道を通って京都へやって来た。いちおう伊勢参りも済ませている。

郷里を出る際、栄一は父から百両を与えられていた。だが、その金も旅費やら遊興費やらで、あらかた底を突こうとしていた。

そんなとき、長七郎から手紙が届いた。驚いたことに、長七郎は殺人のかどで捕縛《ほばく》され、江戸の獄中からこの手紙を出したというのである。そして気になるのは、二人

が以前に長七郎宛に送った、幕政への激烈な批判が記された書状を、彼が懐中したまま捕まったらしいということだった。

ちょうど同じころ、二月の初旬、一橋《ひとつばし》家の用人・平岡円四郎から、「相談したいことがあるから、すぐ来てくれ」という手紙が来た。

じつは二人は、名目だけではあったが、このときすでに平岡の家来ということになっていた。栄一はかつて江戸に滞在したおりに平岡の知遇を得て懇意にしていた。平岡が仕える一橋家の当主・慶喜《よしのぶ》は尊王思想が盛んな水戸藩の出身である。栄一と喜作は、京都へ向かう前にも、平岡の江戸の留守宅を訪ね、夫人を介して名義上の家来になる旨の許可を得ていた。素浪人では関所も越えられない。

早速二人して二条城近くの屋敷を訪ねると、平岡は「足下《そっか》たちのことで幕府から問い合わせが来ているが、まさか人を殺したりはしていまいな」と念を押したうえで、意外にも、「一橋家に正式に仕えるつもりはないか」と仕官への誘いに話を向けた。

ここで少し当時の一橋家の内情の説明が必要だろう。

平岡円四郎は旗本の養子で、もともとは幕府の役人だったが、このときは一橋家にいわば出向のかたちで仕え、当主・慶喜の側近となっていた。

後に徳川最後の将軍となる一橋慶喜は、水戸藩主徳川斉昭《なりあき》の子だったが、十歳のときに嫡子《ちゃくし》に恵まれない一橋家の養子となり、家督を継いだ。

「家康の再来」と期待された英明な慶喜が一橋家に入ったことは、非常に重要な意味を持っていた。

徳川将軍家では、世嗣《せいし》の子をつくれない場合は、養子が必要になってくる。将軍の養子は、水戸徳川家を除く紀州家・尾張家の御三家の他に、御三卿の家から選ばれるのがならいだった。御三卿とは、一橋・清水・田安の三家である。

当時、将軍は紀州家出身の家茂《いえもち》だったが、子はなかった。だから、慶喜は次期将軍に最も近い位置にいると言えた。

そしてこのときは禁裏《きんり》守衛総督の任に就いていて、京都に常駐していた。

ところで、一橋家は名家ではあったが、藩ではなくあくまで将軍家に含まれるため、本来の家来はいない。幕臣が派遣されるかたちをとる。京都にも来たばかりだから、人材はどうしても手薄だ。だから、有為の若者がいれば、農民出身でも抱えておこう、ということになる。

そこで平岡は、幕府から嫌疑を受けて行き場に困りそうな栄一と喜作を、その真意をただしたうえで、取り立ててやろうと考えたのである。

逆に言えば、栄一は、農民が武士になるまたとないチャンスをものにしたということになる。

将軍の寵臣となって大活躍

この間まで倒幕を叫んでいた人間が、幕府側の家に仕えることには、もちろん抵抗はあった。だが、京都で時勢を目のあたりにした栄一は、もはや感情的な攘夷論は通用しないことによく気がついていた。考え方が現実的になっていた。

二人は翌朝ふたたび平岡を訪ね、一橋家への仕官を志願した。

「今日《こんにち》、幕府の命脈は滅しようとしています。ですから幕府から離れ、独自に道を進んでこそ、将軍家を助けることができると考えます。そのためにも、天下の志士を集められることを願います。そうすれば、いずれ治める者が出ると思います」

数日後、慶喜にお目見えを許された栄一は、こんな大胆な意見を主君の前で開陳している。慶喜はただ聞いているだけで、何の言葉もなかった。だが、栄一の物怖《ものお》じしない率直な建言精神は、以後、遺憾《いかん》なく発揮されることになる。

最初の役名は奥口番《おくぐちばん》といって、役所の出入り口の番人のようなものだった。だが、平岡の信頼を得た栄一はすぐにその仕事を離れ、薩摩藩士への隠密《おんみつ》の任を首尾よく果たすと、関東人選御用というさらに重要な任務に就いた。これは、関東に下向して、志士から奉公者を募るというもので、栄一は五十人もの武士を集めて帰京した。このときは故郷の村の近くも通り、家族と再会している。武士となって堂々と姿を現した栄一を見て、周囲は呆気《あっけ》にとられたという。

その後、みずからの建言が容れられて、一橋家の領地から広く兵士を募る歩兵取立《とりたて》御用掛《がかり》となり、これも大成功を収めて、五百人が集まった。

次には御勘定組頭《ごかんじょうくみがしら》に転じ、領地の殖産・財政政策を取りもつことになった。そして年貢米の売却法の改革、硝石製造所の建設、藩札の発行など、種々の提案を実行に移し、ビジネスマンの才気をいよいよ現しはじめる。

だが、その一方で、身辺は大きく渦巻いていた。

まず、彼に目を掛けてくれた平岡円四郎が、水戸藩士に暗殺されてしまった。開国論者とみなされた平岡は、攘夷派の目の敵《かたき》だったのだ。

そして、慶喜がついに将軍になってしまった。十四代将軍家茂が大坂でわずか二十一歳で病死。慶喜はいよいよ徳川宗家《そうけ》を相続し、将軍職を継ぐことに決した。慶応二年（一八六六）八月のことで、これで栄一ははからずも幕臣に加わることになった。栄一は京都の陸軍奉行の詰所に通うことになったが、いずれ幕府が亡びることは必至と見ていた彼は、幕臣の地位に安住することはできなかった。

——役を辞して、もう一度浪人に戻ろう。

そう決意したころ、慶喜の側近・原市之進からちょうど呼び出しがあった。急ぎ出向くと、原は栄一に思いもよらぬ任務を告げた。

「フランスへ行ってくれ——」

ヨーロッパに渡り、文明社会に衝撃を受ける

「実に西洋開化文明は承事《しょうじ》候《そうろう》より弥《いや》増《ま》し驚《おどろき》入《い》り候」

慶応三年（一八六七）の暮れ、手計《てばか》村の尾高惇忠《あつただ》のもとに、はるか異国から手紙が届いた。「西洋の開化文明は、聞いていたよりも数倍上で、驚き入ることばかりです……」。差出人は栄一である。

同じころ、血洗島にも便りが届いた。手紙には、チョンマゲを切った、得意然とし

た洋服姿の栄一の写真が添えられていた。

これを見た妻の千代《ちよ》は、「何とあさましい、見るのもつらい」と嘆いたらしい。

栄一はこのとき、フランスのパリにいた。二十七歳になっていた。

「一八六七年にパリで万国博覧会が開催されるので、日本からも出品と、国賓《こくひん》として元首または代理を招請したい」

フランス皇帝ナポレオン三世から、日本の将軍宛にこんな旨の書簡が届き、その中し入れを幕府が容れて使節の派遣が決められたのは、前年のことだった。

当時フランスは、薩摩藩を援助するイギリスに対抗して、徳川幕府を支持し、慶喜も軍備のフランス式の近代化をめざしていた。八方ふさがりだった慶喜としては、パリ万博への進出は、幕府の権威挽回《ばんかい》の願ってもないチャンスでもある。

そして幕府は、慶喜の弟・徳川昭武《あきたけ》を将軍の名代としてフランスに派遣し、さらに万博後もヨーロッパに滞在させて、五、六年留学させることにした。

この使節の随員に栄一が抜擢《ばってき》されたのである。栄一の役職は「御勘定役、陸軍附調役」、現代風にいえば庶務会計係だ。この異例の抜擢は、栄一の抜群の実務能力を見込んだ、慶喜の意向だったと言われている。

↑遣欧使節団一行。中央が徳川昭武、後列左端が栄一。マルセイユにて。
→洋装姿の栄一。フランスにて。

当時十四歳の徳川昭武を含む総勢二十九名の使節一行がフランス船アルフェ号に乗って横浜を発ったのは、慶応三年正月十一日。上海をへて二十日に香港に着き、ここで大型船に乗り換えて、サイゴン、シンガポール、セイロン島、アデンをへて、二月二十一日にスエズに到着。まだスエズ運河が開通する前なので、汽車でエジプトのアレキサンドリアまで出て、そこから再び船で地中海を渡り、二十九日にマルセイユ港に入り、祝砲に歓迎されて一行はようやくフランスの地を踏んだ。

マルセイユに一週間滞在した後、三月七日（洋暦四月十一日）、ついに花の都パリに着いた。およそ二ヶ月の大旅行である。鉄道、電気、ガス灯、工場……。二百年の鎖国に慣れきった一行には、見るもの、聞くものすべてが新しく、さぞ驚きの連続だったことだろう。

そして三月二十四日、腰に太刀を差し、鮮やかな衣冠に身を包んだ昭武はテュイルリー宮殿でナポレオン三世に謁見《えっけん》し、国書を捧呈《ほうてい》した。

万博はセーヌ河左岸の練兵場を会場として開催された。電信、絵図の電送、灯台、圧縮空気、水圧式エレベーター、蒸気機械、大砲などなど、ヨーロッパを中心に、世界各国から出品者が集まり、競って最新鋭の物産品を展示した。

日本側は、幕府に対抗し、「琉球王国」という名目で独立して出品してきた薩摩藩とパリで小競り合いを演じるという一幕もあったが、和紙や漆器などの工芸品や敷地に建てられた日本家屋はフランス人の目をとらえ、大いに話題を呼んだ。浮世絵に触発されたフランスのジャポニズムは、この万博がきっかけとも言われている。

ナポレオン三世の大演説が印象的だった五月二十九日の博覧会の褒賞授与の式典が終わると、昭武一行は、日本と条約を結んだヨーロッパ各国への巡歴に旅立った。巡ったのは、スイス、オランダ、ベルギー、イタリア、イギリスで、各地で造船所、製鉄所、各種工場、造幣所《ぞうへいじょ》、銀行、博物館、新聞社などを視察している。

この巡歴の前に、使節団のなかでちょっとしたもめごとが起きている。一行のなかには、幕府に属する外国奉行の役人と、昭武に国元から付き添う水戸藩士の、二つのグループがあった。水戸藩士の随員は七人いたが、みな頭の固いコチコチの侍ばかりで、何かと騒ぎを起こしていた。

このときも、刀の大小を体から離さない、ものものしい水戸侍たちが行列をつくるのは何かと面倒なので、「四人はパリに残るように」と幕府側が命じたところ、彼らは「何が何でも全員ついてゆく！」と突っぱねた。

そこで仲介役を任せられたのが栄一で、すったもんだの交渉のすえ、水戸侍たちは途中で三人ずつ交替で随従するという和解案に落ち着いた。栄一がいなかったら、使節団はきっと異郷の地で空中分解してしまったに違いない。

栄一の調整の手腕が遺憾なく発揮された一コマだ。

近代ビジネスを肌で学ぶ

ヨーロッパはすでに十八世紀から産業革命を経験し、各国にモノを大量生産する産業都市が出現して、生産と流通の構造も大きく変化していた。そして、ちょうどこの時期には、企業の形態が、少数の金持ちが共同出資する「会社」から、多くの大衆株主から資本を調達する「株式会社」に転じようとしていた。

フランスは第二帝政期にあり、ナポレオン三世は独裁体制を敷いていたが、銀行を整備して金融改革を行い、大公共事業を中心とする経済政策を推進していた。

栄一は来仏当初は比較的暇があったので、家庭教師を雇ってフランス語を猛勉強している。そして万博のみならず、水道やガスが整備されたパリの近代市街をしきりに見学してまわり、スポンジのように新知識を吸収している。さらに、昭武のヨーロッパ巡歴にも終始随行し、近代文明世界を目のあたりにしている。

だが、彼の興味を惹いたのは、外見的な華やかさばかりではなかった。

使節団には、日本名誉総領事だったフリューリー・エラールというフランス人が世話人として付き添っていたが、エラールは経験のある銀行家でもあって、会計を受け持つ栄一とは接する機会も多かったらしい。彼は栄一に、銀行はもちろん、株式取引、株式公債などについても説明した。万事呑み込みの早い栄一は、彼のアドバイスをもとに、後日留学資金の剰余分でフランスの政府公債と鉄道公債を購入し、帰国直前にそれを売却して、若干の利殖を得ている。栄一が後に日本に銀行を起こし、株式会社を広めたのは、このときの知識と経験が礎となっていることは、言うまでもない。

また世話人には、もうひとりヴィレットという陸軍大佐がいた。ヴィレットとエラールは日本式にいえば武士と商人だが、見ているとふだんから二人はごく自然に対等の応対で話し合っている。青年時代に代官に愚弄された苦い経験のある栄一には、これは新鮮な光景だった。

官民が平等で、商業が卑下されず、おのれの才能こそが物を言う文明社会に、深く感銘したのである。

留学中止、動乱の祖国へ

十一月、ヨーロッパ巡歴からパリに帰ると、昭武の本格的な留学がはじまった。また、使節団一行のうち、外国奉行の多くは任務を終えて帰国の途に就くことになった。その他にも病気で帰国する者などがいて、随員は徐々に減っていった。そのため、いつしか栄一は会計の他にも事務全般を受け持つことになり、事実上随員のナンバー・ツーとなって、八面六臂《はちめんろっぴ》の活躍をしている。

一方、本国日本では、一大事変が生じていた。この年の十月に慶喜は大政奉還《たいせいほうかん》をして将軍職を辞し、十二月には明治天皇が王政復古の大号令を発する。翌慶応四年（一八六八）正月には鳥羽《とば》・伏見《ふしみ》の戦いが起きて倒幕派の優勢が決定的になり、四月には江戸開城、慶喜は水戸に隠退。いよいよ明治維新である。

母国のこうした情勢は、栄一らのもとにも書状や新聞報道というかたちで徐々に伝えられた。随員たちははじめはこの動きを信じなかったが、幕府の滅亡を予想していた栄一はひとり驚かなかった。そうこうするうちに、新政府から昭武宛に公文が届いた。

「王政復古につき帰朝せられよ」

――このまま慌てて帰国したからといって、どうにかなるわけでもない。予定通り数年留まって修業してから帰れば、昭武公が国の御用に立つこともあるだろう……。

そう考えた栄一は、あくまで昭武の留学継続を主張し、資金の工面や計画の準備に日夜奔走した。だが、追って水戸藩士がフランスまで迎えに現れると、留学を中止せざるを得なくなる。藩主が死去し、昭武が家督を継ぐことに決まったのだった。

慶応あらため明治となったこの年の九月、一行はパリを発ち、帰国の途に就いた。十一月の暁《あかつき》、船上から栄一は、およそ二年ぶりに白雪をいただく富士山を眺め見た。外国滞在は不本意のうちに終わり、とうとう身は亡国の臣となってしまった。

だが、栄一のからだには、このとき近代経営の精神がすでにしっかと宿っていた。

3 明治政府の官僚に――新政府仕官時代

静岡で旧主慶喜に再会

通されたのは、粗末な古寺の、薄暗い六畳の座敷だった。夕暮れだった。

明治元年（一八六八）の暮、帰国してまだ間もない栄一は、静岡藩の宝台院に謹慎《きんしん》中の旧主のもとにおもむき、今、二年ぶりの再会を果たそうとしていた。

やがて障子《しょうじ》があくと、影のように人がひとり入ってきて、黒ずんだ畳の上に、じかに座った。――それが徳川慶喜《よしのぶ》だった。

平伏《へいふく》した栄一は、涙を抑えることができない。

「なぜこのように……」と愚痴をこぼし出すと、泰然とした慶喜はそれを遮《さえぎ》った。

「昔のことはいっさい話してくれるな。それよりも、今日は昭武《あきたけ》のフランス留学中の話を聞くのではないか」

栄一はハッと気を取り戻して、フランス行の一部始終を語りはじめた。

横浜港に帰国したとき、すでに徳川幕府は完全に瓦解し、薩長を中心とする明治新政府が樹立され、江戸は東京とその名を改めていた。

東京で父と再会することはできたが、耳にした親族の消息は暗澹《あんたん》たるものだった。尾高新七郎は狂死、その弟で栄一が出国する際に見立て養子にした平九郎は討死、そして、つねに生死をともにしてきた渋沢喜作は、榎本武揚《えのもとたけあき》率いる旧幕軍に加わって箱《はこ》館《だて》に落ちのび、官軍を相手に立て籠もっているという。

「これから、どうするつもりなのか?」

父の問いに、栄一はこう答えた。

「慶喜公が隠棲《いんせい》しておられる静岡に移住して、何か別に生計の途《みち》を得て、旧主をお守りしようと思います」

今さら頭を下げて新政府に仕官するつもりもなく、すっかり信頼されきった昭武からは「水戸に来て相談相手になってくれ」と請われていたが、それも振り切り、残務整理を済ますと、とにもかくにも、静岡にやって来たのだった。

そして、宝台院を訪ねた翌日からは、慶喜からの返書を持って水戸の昭武のもとへいったん行くつもりで、その沙汰を待っていたが、何の連絡もない。仕方なく数日はブラブラしていると、藩庁から出頭を命じられた。

出向くと、いきなり辞令書を渡された。

「静岡藩の勘定組頭《かんじょうくみがしら》を申し付ける」

水戸には、栄一とは別に使者をたてる、ということだった。

最初の会社を立ち上げる

勘定組頭は、今で言えば財務局のポストだ。栄一にうってつけである。

ところが彼は、「窮乏した藩の禄を貪《むさぼ》るつもりでここに来たのではない。一日も早く御返書をいただき、水戸の昭武公のもとへ行くのが、私の務めだ」と憤慨し、即座にこの辞令を投げ返してしまった。

だが、その後、藩の役人から、この処遇がほかならぬ慶喜のはからいであることを栄一は聞いた。

「もし渋沢が水戸へ行けば、渋沢を慕う昭武は、彼を手元に置いて重用するに違いない。だが、そうなれば猜疑心《さいぎしん》の強い水戸藩士の怨みを買って、渋沢もどんな災難に見舞われるかわからぬ」

慶喜のそんな深い配慮を知って、栄一は自分の軽挙を恥じたが、しかし、それでも辞令を固辞した。

じつはすでにこのとき、栄一は心中ひそかに期するところがあった。

「先行きの不明な藩庁に頼らず、みずからビジネスを起こし、旧主のそばで平穏に暮らそう」――そんな考えがあったのだ。

そのころ、新政府の国庫は窮乏していたので、新紙幣を発行することになった。「太政官札《だじょうかんさつ》」と呼ばれるものだ。そしてこれを広く流通させるため、各藩に米の石高《こくだか》に応じて借用させ、それを利子をつけて年賦《ねんぷ》させる「石高拝借」が行われた。

静岡藩は、すでにこの年末までに五十三万両を拝借していた。

この情報を耳にした栄一は、妙案を思いついた。

この借入金を普通に藩で消費してしまえば、維新前後の混乱で藩の財政も困窮しているので、返済の余裕は容易には見込めない。そこで、この金を元手に、静岡の商人の資本とも合わせて一つの商会を設立する。つまり、フランスで学んだ合本主義《がっぽん》（株式会社）の応用だ。そしてこの商会によって殖産興業をはかれば、利益を返納金にあて、また日本の商業界に新風を吹き込むこともできる。

この栄一のアイデアに、藩の勘定頭・平岡準蔵はすぐさま飛びつき、翌明治二年（一八六九）の春、藩庁の承認のもと、静岡の紺屋町《こうやまち》に、商人十二名と役人数名を係員として、「商法会所《しょうほうかいしょ》」という名義で半官半民の商会が設立された（後に「常平倉《じょうへいそう》」と改称された）。栄一は頭取として経営を任されることになった。

商法会所は、具体的には商社と銀行を合わせたようなもので、農民・商人への融資、預金、米穀・肥料の売買と貸与などがおもな業務だった。また、元手の新紙幣は信用が薄く、いずれ価値が下がって物価があがると見た栄一は、この紙幣をただちに正金《しょうきん》に交換し、東京や大阪で肥料や米穀を買い入れた。すると実際予想通りに物価高になってきたので、これらを適宜売却して利益を収めることができた。

商法会所は、まだまだ株式会社にはほど遠い形態だったが、栄一が起こした会社の最初だとも言えよう。

こうして事業は軌道に乗り、収益ものびた。そして栄一は妻子を郷里から静岡に呼び寄せ、なお全力でこの仕事にあたった。尾高惇忠《あつただ》や他の親族も栄一を頼ってやって来た。この地に骨を埋めるつもりだった。彼は当時を、後年こう追憶している。

「当時、余の意中では、どうかこの事業を完全に発達させて、日本に合本事業（株式会社）の例を示してやりたいとの考えであった。この以外には、これによって金を儲けたいとか、地位を作りたいなどという野心は毫《ごう》もなかった」

ところが、事業の基礎が固まろうとしたころ、新政府からの一通の手紙が、栄一のもとに届いた。

「すぐに東京に出よ」――今度は、新政府に仕えろ、という通達だった。

新政府の財務官僚に抜擢される

栄一が東京へ出たのは明治二年（一八六九）の十二月初旬だった。

せっかく静岡での仕事が順調に運び、また旧主・慶喜への恩義もあるので、新政府に仕官するのは気が進まなかったが、太政官へ出頭すると、「民部省《みんぶしょう》租税正《そぜいのかみ》に任命する」とのことだった。現代で言えば、財務省主税局長といったところである。

最後の将軍を敬愛してやまない元幕臣が、いきなり高級官僚に抜擢されたわけだ。

とはいえ、民部省には、栄一の知友はひとりも見当たらない。それどころか、何をするのかもよくわからず、いったい誰が自分を推挙したのかもわからない。キツネにつまれたようで、何だかおかしくもあった。

当時、民部卿は伊達宗城《だてむねなり》、大輔《たいふ》は大隈重信《おおくましげのぶ》、少輔《しょう》は伊藤博文《ひろぶみ》だった。民部省は大蔵省と事実上合併状態にあり、首脳が要職を兼任していた。省内は大隈と伊藤がしきっていた。

後でわかったことだが、フランスでの栄一の財務手腕を聞き及んだ伊達と大蔵官僚の郷純造《ごうじゅんぞう》が、一面識もない人物のスカウトを進言したのだった。

だが、栄一は落ち着かない。数日して大隈を訪ね、早くも辞意を洩らした。すると大隈は得意の長口上《ながこうじょう》をはじめた。

「貴公が旧主の恩誼《おんぎ》を忘れず、また、はじめたばかりの事業を続けたい気持ちはよくわかる。だが、それではちょっと了見が狭すぎる。

省の仕事のことは何もわからないというが、それは新政府に働く者もみな同じだ。前例も手本もない。今は、たとえて言えば、八百万《やおよろず》の神々が集まって新しい日本をつくっているようなものだ。一人でも多くの人材が必要なのだから、君もひとつ神様の一柱《ひとはしら》になってくれ……」

大隈の道理の通った説得には、日ごろ能弁できこえた栄一も無理に反論できなかった。

かつてはからずも幕臣となった栄一は、こうして今度も心ならずも、新政府に入ることになった。そして、妻子を東京に呼び寄せ、湯島に移り住んだ。

栄一はこのとき二十九歳、大隈は三十一歳、伊藤は二十八歳。

明治の神々は、みな若かった。

日本の金融システムをゼロから作り上げる

新天地に入った栄一は、早速ひとつの提案をした。

維新直後、民部省はじつに多くの事務を所管していた。そのため、役人はみなその日その日の仕事に追われて、旧制度の改革がなかなか進まなかった。

そこで、省内に新局を設立し、新制度に関する調査・研究や立案をそこで一括して行うようにする。つまり、行政改革の諮問《しもん》機関の設置を栄一は建言したのだ。

この建言はただちに受け入れられ、十二月に「改正掛《かいせいがかり》」が民部省(明治四年からは大蔵省《おおくらしょう》に所属)に創設された。栄一は租税正のまま、その掛長を命じられた。

改正掛の仕事に没頭した栄一は、新たな貨幣制度、税制改革、度量衡《どりょうこう》改正、駅逓《えきてい》法（郵便）改革、鉄道敷設など、次々に新事業の立ち上げに取り組み、文字通り近代国家日本の屋台骨を組み立てていった。とくに税金については、栄一の在任中は結局実現をみなかったが、これまでの米納制から金納制へという画期的な改正に挑んでいる。

明治四年（一八七一）には大蔵卿が大久保利通《としみち》に、大蔵大輔は井上馨《かおる》に代わった。栄一は大蔵権大丞《ごんのたいじょう》に昇任した。ちなみに、この年に新貨条例が制定され、お金の単位として「円」が登場している。

大久保は知謀には富んでいたが、財政にはうとかった。一方、井上は磊落《らいらく》な気質で、栄一とはウマが合い、彼のもとで栄一は思いのままに働くことができ、最終的には大蔵少輔事務取扱（次官クラスに相当）にまで登りつめている。

この年の七月には廃藩置県《はいはんちけん》という未曾有《みぞう》の大変革が行われたが、このとき栄一は井上の指揮のもと、旧藩札の引換法や公債発行など、重要な案件を担当している。

この時期は事務が最も繁忙をきわめたが、仕事が煩雑になればなるほど栄一のからだには力がみなぎり、日夜超人的な精力をふるって諸務に邁進《まいしん》し、三日三晩徹夜をして書類を仕上げたこともあったという。

大蔵省時代の栄一。

またこのころ、栄一は通商司という経済機関の整理も担当している。

これは開港場に設置されたもので、有力な商人に協力させて半官半民の為替《かわせ》会社・通商会社を創立し、貿易や商業全般を統制しようというもくろみだったが、なかなかうまくいかず、損失ばかりが生じていた。

そこで栄一が商人たちと会って話してみると、みなただただ平身低頭するばかり。維新がなったとはいえ、旧幕時代の官尊民卑《かんそんみんぴ》の風潮が、そのまま残っていた。

「これでは、とても日本の商工業は進歩しない」

そう考えた栄一が、激務の合間を縫って、フランスでの見聞をもとに著したのが、日本最初の会社設立マニュアルといわれる『立会《たちあい》略則』である。

このなかで栄一はヨーロッパの会社制度を紹介し、商業には政府が干渉すべきではないこと、つまり実業の自律性、そして合本主義（株式会社）の重要性などを強調している。

そして「商法の道を生ずれば、よくこの道をおしひろめて、全国の富を謀るべきことなり」として、商業は自分の利益ばかりではなく公益をも目的とすべきことを説き、さらに「国家の富強は商工業の発展にある」と主張して、民業の意識改革を強く訴えかけている。

薄い小冊子ではあったが、ここには、「公利公益の追究＝『論語』（道徳）と算盤《そろばん》（経済）の一致」という、渋沢栄一がその後半生で提唱することになる強固なビジネス理念が、はっきりと形を現している。

政府に辞表をたたきつける

大蔵省が通商司を介して全国の主要都市に設立した為替会社は、預金や貸付などの金融業務も営み、銀行に似た役割も担ったが、ことごとく頓挫《とんざ》していた。

そこで、アメリカを参考にして銀行設立案が作成され、明治五年（一八七二）十一月に「国立銀行条例」が公布された。立案の主任を務めたのが栄一で、これを承けて、三井組・小野組などの有力商家が共同で出資して銀行を設立する運びになった。

ちなみに、この場合の「国立銀行」というのは、アメリカの「ナショナル・バンク（＝連邦政府の認可を受けた商業銀行。紙幣発行権を有する）」の訳語としてあてられたもので、国家が運営する銀行や中央銀行のことを指しているわけではない。また、バンクの訳語としての「銀行」という語が普及したのは、これがきっかけである。

こうして馬車馬のように働く一方で、栄一と新政府の間にはさまざまな軋轢《あつれき》も生じていた。

もともと薩長中心の新政府内では、旧幕臣の栄一に対して少なからず抵抗があった。そのうえ、栄一は大蔵卿の大久保とソリが合わなかった。

大久保は新政府の重鎮だったが、財政にはまるで関心が薄く、歳入歳出のバランスを考えずに軍費の支出を決めようとする。財政がいずれ危機に陥ることを憂えた栄一は、こうした要求を断固はねのけようとした。

ところが、この動きに合わせるように、各省は一方的に予算の増額を大蔵省に要求してくる。――この辺の事情は、昔も今もあまり変わりはないようだ。

こうした官僚主義にしだいに嫌気がさしていたところへ、まず上司の井上馨が辞意を表明した。栄一もこれに同調し、かねて「商工業が発展しなければ日本に未来はない」という思いも抱いていたので、官界を永久に去って野に下ることを決意し、明治六年（一八七三）五月、井上とともに辞表を提出した。

さらに二人は連名で「国家の財政は収入を知ったうえで支出すべきなのに、政府はその逆を行っている」とする意見書を提出し、これは後日新聞に掲載された。政府に対する、痛烈な批判だった。

こうして栄一は、野に降り立った。

眼前には明治という未開の原野が広がっていた。これからみずからの手で、野を耕し、種をまき、芽を吹かせ、育て、そして花を咲かせよう。

もう彼を縛るものはない。

そして、このとき栄一は片方の手に、少年のころから折に触れて読み返してきた『論語』を握っていた。

幕府や新政府という脆弱《ぜいじゃく》な制度ではなく、『論語』に示された普遍的な道徳を指針として、これからの仕事に挑もう――。

茫漠《ぼうばく》とした荒野を前にして、栄一はそう思いを新たにしていたのである。

4 いざ、ビジネスの世界へ——実業家時代と晩年

日本最初の銀行を設立

神社の社殿のようでもあり、お寺のようでもある。

建物の中央には、高い塔のようなものがそびえている。

日本橋の開運橋際《ぎわ》に建つ風変わりな洋風の五層楼。

当時、日本一のこの高層西洋建築が、明治六年（一八七三）七月に開業した第一国立銀行の本店だった。記念すべき日本最初の銀行である（ちなみに、日本国の中央銀行として日本銀行が創立されたのは明治十五年〔一八八二〕）。

ホントかウソか定かではないが、田舎から上京してきた者が、この建物をお宮と勘違いし、わざわざ賽銭《さいせん》を投げて拝んだという逸話がある。

官界を去り、実業の世界に入った栄一が最初に手がけたのが、この第一国立銀行の

開業当時の第一国立銀行。

設立だった。

栄一は大蔵省時代に銀行条例の制定に取り組んだが、その自分がつくった法律にもとづいて、今度は民間人となって、実際に自分で起業したのだ。

銀行の創立については三井組と小野組がすでに手を挙げていて、最終的に両者が共同出資するかたちでひとつの銀行が設立されることに決まり、栄一は両者を束ねる、頭取の上の総監役に就任し、経営を指揮することになった。三十三歳の若社長である。

大蔵官僚が銀行のトップになったわけだから、「役人天下り」の第一号だと評する向きもある。

だが、当時はそもそも銀行というものが、あるいは会社というものが、いったい何をするところなのかも、多くの人がよく理解していなかった時代である。

役人をやめてあえて商人になるという栄一を、大蔵省の同僚は狂人でも見るように嘲笑《あざわら》っていた。

しかし、ヨーロッパの発達した経済を見聞していた栄一は、銀行が実業の世界で、いわば大動脈の役割を果たすことを見抜いていた。

「日本という国を発展させるには、実業界を発展させなければならず、そして実業界を発展させるには、まずこの大動脈を整備しなければならない」――そう考えて、栄一はまず銀行業に乗り込んだのだ。

そして開業にあたっては、一般人からも出資つまり株主を公募し、一株百円の株式を発行した。さらに、取締役は株主が選挙で選び、頭取は取締役会で決められるというかたちをとった。本格的な株式会社が、ようやく日本に生まれたのである。

ところが翌年、小野組が倒産し、できたばかりの銀行がたちまち経営の危機に瀕するという災厄に見舞われる。だが、「日本のビジネスの発展には、中核になる銀行が絶対に必要だ」という強い意思をもつ栄一の懸命の踏ん張りで、銀行は何とか破綻《はたん》を免れることができた。

こうして第一国立銀行（明治二十九年〔一八九六〕に第一銀行と改組）が先駆けとなって、日本に続々と銀行が誕生していった。

そして栄一は、この日本橋の五層楼を牙城《がじょう》として、これまで積んできた経験をもとに次々に戦略を繰り出し、日本に近代ビジネスという新風を吹き込んでいったのである。

製紙業に全力で取り組む

銀行の次に栄一が手がけた起業は、製紙業だ。

なぜ、製紙業に踏み込んだのか。その動機を、後年みずからこう語っている。

「徳川三百年の幕府が一朝崩壊して明治維新の大業は樹立され、専《もっぱ》ら泰西《たいせい》の文明を輸入して世界的に国是《こくぜ》を定めなければならぬ世の中となって来たが、それに就いて第一に進むべきものは文運である。此《こ》の文運が進歩しなければ、一般社会の智識を発達させる訳にはゆかぬ。智識が発達しなければ、従って総ての事業も隆盛を致すことは出来まい」（『王子製紙株式会社回顧談』）

そして、そのためには多種の新聞・雑誌の発行、大量の書籍の出版が可能にならなければならない。要するに「社会の文明化にはマスコミが必要だ」ということだ。

そのためには印刷事業が発展しなければならない。

印刷事業を盛んにするには、大量印刷に対応できる用紙が必要だ。

だが、当時はまだ和紙が主流で、大量印刷に適した西洋紙が普及しておらず、また、それをつくる技術も覚束《おぼつか》なかった。

そこで栄一は、大量に西洋紙を製造する製紙業の重要性を説くのである。

つまり、「日本の文明化には、マスコミの前に、まず製紙業の育成が必須だ」というのが栄一の官僚時代からの持論だった。

たんに産業を発展させることを目的としていたわけではなく、また最新の技術をヨーロッパから輸入して一儲けしようと企んだわけでもないのだ。

こうした信念を抱く栄一の指揮のもと、明治六年（一八七三）に設立されたのが抄紙《しょうし》会社、後の王子製紙である。

この会社も当初から工場の建設、外国人技術者のスカウト、製造機械などの面でトラブルが続出したが、経営の任にあたった栄一はねばり強く試練を一つ一つ乗り越え、決してあきらめることはなかった。

工場が竣工し、白い洋紙がようやく漉《す》けるようになったのは明治八年（一八七五）の暮になってからだったが、以後会社は技術の改良とともにみるみる発展を続け、王子製紙は日本の産業界を牽引《けんいん》する巨大企業に成長している。

新事業を次々に開拓する

製紙業に乗り出して、工場建設に取り組むかたわら、ほぼ同じ時期に、栄一はガス事業にも踏み込んでいる。

江戸時代、「喧嘩《けんか》と火事は江戸の花」とうたわれたように、木造家屋が建ち並ぶ江戸の街衢《がいく》には、大火が絶えなかった。そこで明治初年、東京府知事の由利公正《ゆりきみまさ》が、まず不夜城と化した遊郭の新吉原《しんよしわら》に安全性の高いガス灯を建設して火事を防ぐことを計画し、ヨーロッパからガス製造機械を輸入した。ところが、機械が到着したころにはすでに由利は知事の座を去り、計画も変更されていたため、せっかく購入した貴重な機械は空しく倉庫にしまいこまれて、死蔵される始末だった。

しかし、またもや大火が下町を襲ったせいなどもあって、ふたたびガス灯の利便性が注目を浴び、明治六年（一八七三）になって府下全域を対象とする計画が始動することになる。

この計画は、はじめは東京会議所（後の東京商工会議所）が担当していたが、栄一は会議所の創設に加わって会頭を務めていたので、ガス事業にも深く関わることになった。明治九年には、事業は東京府が直轄する東京瓦斯《ガス》局に移管されるが、そうなると今度は栄一は瓦斯局の局長に推され、府からガス事業の経営を全面的に任されることになった。

料金が高額なせいもあり、当初はなかなかガスは普及しなかったが、パリでガス灯の華やかさに感動していた栄一は、この事業の必要性を熟知し、重職に尻込みすることはなかった。「ガスは、日本の社会の発展に絶対に欠かすことのできない事業だ」という確信があったのだ。

紆余曲折《うよきょくせつ》はあったが、栄一の努力もあってガスは着実に需要を増し、明治十八年（一八八五）には瓦斯局は民間に払い下げられ、東京瓦斯株式会社が誕生、栄一は後に社長に就任している。

この他にも、保険、鉄道、海運、紡績、セメント、ビール醸造、化学肥料、造船、電気事業……と、栄一は次から次へと多岐にわたる分野の起業に並行して乗り出し、数十社の役員や相談役を同時に兼務するという、ある意味では無謀とも言える行動に出ている。

なぜ、銀行業に踏みとどまらず、これほどまでに多くのビジネスに進出したのか？

晩年、栄一はこんな自分を「実業界のよろず屋」と評して、そのいわれをこう説明している。

「私は一度この位置に身を置いた以上、実業界の開拓は私の使命であるから、終身不変の態度でその事業を経営しなければならぬと決意した。爾来《じらい》私は四十余年間銀行業者であったけれども、あらゆる方面に世話をやき、製紙業・保険業・鉄道業・海運業、あるいは紡績に織物に、あるいは煉瓦《れんが》製造・瓦斯製造というように、その会社の設立および経営に努力し、またある部分は自ら担任もして来た。……

例えば日本の商工業は新開地の如きもので、そこへ店を始めるには一店で呉服屋・紙屋・煙草屋・荒物屋等、何でも兼業するいわゆる〝よろず屋〟でなければならぬごとく、商工界の開拓者たる使命を帯びたつもりの私は、また各種の商工業に向って手を下さなければならなかった」（「何故商業道徳が行はれぬ」『竜門雑誌』昭和二年四

月号）

明治という混沌とした未開の時代は、一人で何役もこなすオールラウンド・プレイヤー、構想力と実行力を兼ね備えた敏腕プロデューサー、を必要とした。

その役割をみずから買って出たのが、渋沢栄一だったのだ。

そしてもちろん彼には、グループ企業や複合企業体《コングロマリット》を形成して、自分がその総帥となり、巨万の富を築きあげようなどという欲は、毛頭なかった。

あるのは、「ビジネスの力で未熟な国を富まし、社会を豊かにしよう」という、強固な意思だった。

作家で栄一の伝記を著した幸田露伴《こうだろはん》は、彼を「時代の児」と評したが、混迷した時代の要請をからだでよく察知していたからこそ、栄一はあたかもブルドーザーのように、日本の経済界を全力で切り開きつづけることができたのだろう。

疑獄事件に巻き込まれて実業界を引退

ひたすら驀進《ばくしん》を続ける栄一も、耕した畑に作物が続々と育ちはじめると、足を踏み間違えて、つまずいてしまうこともあった。

明治三十九年（一九〇六）、日本精糖株式会社と日本精製糖株式会社が合併して、大日本精糖株式会社（日糖）が誕生した。国内の製糖市場の独占をねらったのである。当時六十六歳の栄一は、重役の磯村音助と秋山に乞われ、この新会社の相談役に就任した。

社長には、栄一の推薦で、農商務省農商局長だった酒匂常明《さこうつねあき》が就任した。温厚誠実な人物を栄一が高く評価したためと言われる。

当時、日露戦争後の日糖は、事業拡張がたたって資金が枯渇《こかつ》していた。そこへ、政府が砂糖の消費税の大幅引き上げを打ち出してきた。

増税を見込んだ日糖側は、外国の砂糖を大量に輸入した。ところが、日本領だった台湾の製糖業が発展してきたために、日糖が輸入した砂糖は売れ残り、会社はますます業績不振に陥ってしまった。

窮地に立った磯村と秋山らは、そこでいよいよ政界工作を画策した。明治四十年（一九〇七）に期限切れをむかえる「輸入原糖戻《もどし》税法」の継続と、砂糖官業法案の成立をはかり、賄賂《わいろ》を片手に、有力国会議員へひそかに接近したのである。

同じころ、会社の財政状態が心配になった栄一が、監査役に調査を依頼したところ、決算で計上された利益金が、本来は損失とみるべきものであることが明るみに出た。

「日糖はあやしい――」

そこここで黒い噂が立ちはじめ、マスコミ、債権者、株主が騒ぎだして、株価も暴落した。

ところが、そんな騒動の渦中で、明治四十一年（一九〇八）の暮れ、栄一が推した社長の酒匂があっさり辞職してしまった。

「こんな危急の際に辞職しようというのは、船長が船を暗礁《あんしょう》に乗せておいて、自分だけボートで逃げようとするようなものだ！」

栄一は酒匂のこの行動を、めずらしく厳しい口調で非難している。

しかし翌年の四月には磯村・秋山は拘引され、司直の手は代議士にもまわりはじめた。明治の政財界を揺るがしたいわゆる「日糖疑獄」の、本格的な摘発がはじまったのである。

混乱のなかで臨時株主総会が開かれ、場内は殺気立ったが、相談役の栄一が疑惑の真相や善後策を整然と述べると、しだいにみな落ち着きを取り戻した。そして、満場一致で栄一に新重役の指名が一任されることになり、経営立て直しの切り札として、実業家の藤山雷太《らいた》が送り込まれることになった。この藤山の指揮のもと、倒産寸前だった日糖は奇跡的に再建をはたしている。

ところが、である。

明治四十二年（一九〇九）七月十日、東京地裁の日糖事件第一審で、磯村、秋山と収賄した国会議員二十三人に有罪の判決が下った。

そしてその翌日、元社長の酒匂が、遺書を残して自宅でピストル自殺を遂げた。事件の責任を痛感し、みずから死という道を選んだのである。

「死に対しては哀悼《あいとう》の念を禁じえないが、その行為には賛成しかねる。申し訳がないからといって自殺するのは責任の回避だ」

栄一は記者の取材にこう話しているが、このときばかりは、栄一にも世間から非難がしきりに浴びせられ、「酒匂を殺したのは渋沢だ」と言わんばかりの記事も現れた。

「やたらと役職を引き受ける渋沢は、意気地なしの連中の面倒を見ているにすぎない」という辛辣《しんらつ》な論調もあった。

この年、栄一は数えで七十歳になり、古希《こき》を迎えていた。

事件に対する報道が過熱していた六月、栄一は、七十の歳を区切りとして、実業界の第一線からみずから身を引くことを宣言している。
そして、役職を務めてきた七十あまりに及ぶ企業に、実際に辞表を送っていった。東京瓦斯、東京石川島造船所、東京人造肥料、帝国ホテルなど、十社の取締役会長。大日本麦酒《ビール》、日本郵船、東京海上火災保険など、六社の取締役。日本興業銀行、十勝開墾、浅野セメントなど、五社の監査役。大阪紡績、日清生命、帝国商業銀行など、二十九社の相談役……。

表向きは「古希」を理由にしていたが、日糖事件で受けたダメージに実業界の巨頭が悩み苦しんだことは想像に難くない。

ひたすら拡張を続けてきた日本の経済界が、もはや自分の手には負えない段階に入ったことを、栄一はうすうす感じ取っていたのかもしれない。

『論語』と算盤の一致を唱える

大正五年（一九一六）、栄一は数え七十七歳で喜寿《きじゅ》を迎えると、今度は、本業ともいうべき第一銀行の頭取の職をも辞し、この他にも引き受けていた企業の重職もあらかた辞して、実業の世界から完全に引退することを決意した。

このころ、ヨーロッパでは第一次世界大戦が勃発していたが、戦場から遠く離れた日本は大きな被害を受けることもなく、経済的な成長を続けていた。

株式会社は定着し、商工業の社会的地位は向上し、栄一の宿願叶って、わずか五十年ばかりの間に日本の近代資本主義は見違えるほどの成長を遂げた。

だが、栄一は決してこれに満足していたわけでない。

たしかに日本経済は、物質的な面では着実に発展を続けてきた。しかし、精神的な面ではどうだろうか。

官僚時代に作成した『立会《たちあい》略則』のなかですでに「全国の公益を謀るこそ商の主本要義」と訴えていた栄一は、企業が利己的な儲け主義に陥らず、公益を追究することの重要性をつねに説いていた。だが、日糖疑獄に象徴されるように、企業倫理という点では、まだまだ日本の経済界は脆弱と言わざるをえなかった。

資本主義というシステムは整ったが、ともすれば煩悩《ぼんのう》と道連れになるこの制度をいかに制御するか、という課題がまだ栄一の手元に残されていたのだ。

そこで、経営の実務から引退した栄一は、この古来の難問を解決することに専念しようとしたのである。

そしてまず、ビジネスの暴走を、法律や社会的な制度ではなく、『論語』に示された現実社会に即した倫理道徳によってコントロールすることをさかんに主唱した。利益という「私」と、道徳という「公」のバランスをとれということである。これは、昨今取り沙汰される「法令遵守《コンプライアンス》」と同列の話ではない。それよりももっと根源的な、次元の深い発想である。

たとえば、栄一が口述した『論語と算盤《そろばん》』（大正五年〔一九一六〕刊）の冒頭には、こう記されている。

「富をなす根源は何かといえば、仁義道徳。正しい道理の富でなければ、その富は完全に永続することができぬ。ここにおいて論語と算盤という懸け離れたものを一致せしめることが、今日の緊要の務めと自分は考えているのである」

これが、栄一のモットーともいうべき「経済道徳合一主義」（『論語』と算盤の一致）である。

そしてこうした信念にもとづき、晩年の栄一が心血を注いだもうひとつのものが、社会事業・公共事業の支援・育成だ。

紙幅の余裕がないので、この面での栄一の活躍について多くを触れることはできないが、じつはすでに三十代のときから栄一は養育院の設立に関わっていて、教育機関や病院、国際団体などの活動にも、つねに支援を送ってきた。

栄一がその生涯に務めた実業・経済関係の役職の数は五百にのぼると言われるが、公共・社会事業関係では、それを上回って何と六百以上になるという。

渋沢栄一はたんなる実業家ではなく、たんなる経営者でも、また資本家でもなかったのである。

九十一歳で大往生

長く天にのぼって輝きつづけてきた巨星も、ついに墜《お》ちるときがやって来た。

昭和六年（一九三一）十一月八日、九十一歳の栄一は王子《おうじ》飛鳥《あすか》山の自邸で病床に就いていた。

腸閉塞と診断された栄一は、十月に人工肛門をつけるという大手術を受けた。手術は成功したが、肺炎を起こし、しだいに衰弱していった。

そしてここ数日は昏睡《こんすい》状態が続いていたが、その日、久しぶりに意識を取り戻したのである。

「帰りなん、いざ。田園将《まさ》に蕪《ぶ》せんとす。胡《なん》ぞ帰らざる……」

まぶたを開いた栄一は、かすれた声で詩を口ずさみはじめた。

中国・六朝宋《りくちょうそう》の詩人、陶淵明《とうえんめい》の「帰去来辞《ききょらいのじ》」だ。

――さあ、故郷に帰ろう。故郷の田園は荒れはてようとしている、どうして帰らないわけにいこうか。

陶は、意のままにならない官職にかじりつくことを捨て、懐かしい郷里の豊かな自然のなかで暮らすことを選び、過去の歩みを振り返りつつ、新たな人生の抱負をこめて、この気韻に満ちた詩を詠んだという。

過去の愚にくよくよしても、もはやしかたがない。

久々に親族の話に耳を傾けて喜び、一人家にあれば琴をひき、読書を楽しんで世の憂いを忘れる。

富貴は私の願いではない……。

そこには、二十三歳で故郷を離れて以来、公に尽くす仕事にひたすら献身してきた栄一の心境と重なる言葉が、切々とつづられていた。

詩の最後は、こう結ばれている。

「聊《いささ》か化《か》に乗じて以《もっ》て尽くるに帰せん。夫《か》の天命を楽しみては、復《ま》た奚《なに》をか疑わん」

――願わくば、このまま自然の変化に乗じて、命が尽きるままにおもむきたい。天命を甘受して楽しむのであれば、ためらうことなど何もない。

その三日後の十一月十一日、昏睡状態の栄一が横たわるベッドの周囲には、親族一同で人垣がつくられていた。そして一人一人が野太い手を握り、死に水をとり、最後の別れを告げてゆく。

晩年の栄一（国立国会図書館ウェブサイトより）。

やがて荒々しい呼吸が静まり、大樹のような老躯《ろうく》から徐々に温もりが消えてゆく。

誰かがからだの震えを抑えきれずに嗚咽《おえつ》をもらすと、室内は堰《せき》を切ったように号泣の響きで包まれた。

葬儀の日、栄一の棺《ひつぎ》を載せた霊柩車を先頭に、長い車の葬列が飛鳥山の屋敷の門を出た。

棺には、故人が生前に愛読した『論語』一巻が、そっと納められていた。沿道には渋沢栄一の逝去を悼む市民が立ちならび、棺に向かって粛々《しゅくしゅく》と頭を下げる列が、数キロ先まで続いたという。

巻末付録

渋沢家の家訓

渋沢栄一は党派党閥をつくることを嫌ったが、人とのつながりは大切にし、とくに親族の和は重んじていた。

それは、彼が郷里に育ったとき、両親はもちろん渋沢家のいとこや親戚との交わりのなかで多くを学んだことにもよるのだろう。

実業家として地位を築き、おのずと一族の長となった栄一は、明治二十四年（一八九一）、一族のさらなる和をはかり、みずから起草して「家法」（全八十七条）と「家訓」（全三十条）を制定している。

家法は親族の範囲や財産分与などの取り決めも含み、ものものしい文章でいかにも法律的だが、「処世接物の綱領」「終身斉家《せいか》の要旨」「子弟教育の方法」の三則からなる家訓には、現代にも通用するような処世術が記されている。

もちろん時代がかった表現や内容もみられるが、栄一の人生観がここに集約されているとも言えそうなので、第一則の「処世接物の綱領」全文を、参考までに記しておきたい。

〈第一則　処世接物の綱領〉

一　常に愛国忠君の意を厚うして公に奉ずることを疎外にすべからず。
二　言忠信を主とし行篤敬《とっけい》を重んじ事を処し人に接する、必ずその意を誠にすべし。
三　益友《えきゆう》を近づけ損友を遠ざけ、いやしくもおのれに諂《へつら》う者を友とすべからず。
四　人に接するには必ず敬意を主とすべし、宴楽遊興の時といえども敬礼を失うことあるべからず。
五　およそ一事をなし一物に接するにも、必ず満身の精神を以てすべし、瑣事《さじ》たりともこれをなおざりに付すべからず。
六　富貴に驕《おご》るべからず、貧賤を患うべからず、ただ智識を磨き徳行を修めて真誠の幸福を期すべし。
七　口舌は福禍のよって生ずるところの門なり、ゆえに片言隻語《へんげんせきご》必ずこれを妄《みだ》りにすべからず。

名言余録

本文に取り上げた他にも、栄一は含蓄のある名言、現代人には耳の痛い訓言をたくさん残している。最後に、これまで紹介しきれなかった言葉のいくつかを、挙げておきたい（出典は『青淵《せいえん》先生訓言集』）。

○平常誠意をもって事に当たっておれば、いざというばあいに、それが非常なる力となって、自分の助けともなるものである。

○自我的に自己の都合のみを考える人間はかえって都合の悪い人間になる。

○広告も必要、自己表現も必要であるが、これらは外部的誘導手段に過ぎずして、内部的実質を充実することこそ、人気を博する根源である。

○自己の労力によって蓄積したる財貨をいかにせば世のため、国のために、価値ある消費ができようかと苦心する人はすなわち君子と言ってよろしい。

○公益を口実にして他の保護を求めるは日本人の通弊である。

○多数党が少数党の意見を容れ、これに便宜を与うるは、多数党の徳義である。

○公利公益を図るが、すなわち道徳である。私利私益のみを心掛けるのが、すなわち不道徳である。不道徳の行いは、多く貧困の原因となるものである。

○利益を目的とする事業家が、時に損失を生ずることあるは、つまり、道理に背く行為から起こるものと思われる。余はいまだかつて空《から》相場的のことをなして、利益を得たことはない。それは自分が利益するだけ、他に損失する者を生じ、したがって、社会もまた発達せぬからである。

○学問は就職の綱にあらず。地位を釣《つ》る餌《えさ》にも非ず。

○商売に、平和の戦争とか、商戦とかいう言葉を用いているが、これは大間違いである。商売は、売買両者が利益を得て悦ぶところにある。

○謝恩の念なき者は、禽獣《きんじゅう》にひとしき者である。他人に恩を受けながら、これを恩とも思わず、朋友に厄介をかけながら、その厚情を忘れるがごときは人としてまことに恥ずべきことである。

○社会からよき待遇を受ければ、それだけ、己れの責任を自覚しなければならない。

○およそ人を択《えら》び、人を採用するに、三つの要件がある。第一は適材を適所に置くこと、第二はある特長を任用すること、第三はその人物の全体を観察して、その完全なるや否やを知り、もってその人を重用することである。

○働くために食うというにおいてはじめて人の人たる真価を認められるのである。

○権利があればその隣には必ず義務がある。

○信用は暖簾《のれん》や外観の設備だけで、収め得られるものではなく、確乎《かっこ》たる信念から生ずるものである。

○完全なる富は完全なる信念から生じなければならない。

○人びとその日の事は、必ずその日に済ませ。

○自分の力の足らないことを棚へ上げて、いたずらに世の中を悲観し、あるいは怨恨し、あるいは罵詈《ばり》する者がいる、これを身のほどを知らぬ人と言う。

○富貴のために志をまげるような人は、また富貴のため、いかなる曲事《きょくじ》（違法行為）をも営むようになり、ついに身をほろぼすに至るものである。

○一時天命をまぬがるるごとき観を呈することあるも、結局天の制裁に従わねばならない。

○世の中の事はすべて心の持ちよう一つでどうにでもなる。

あとがき

以前、渋沢栄一の孫にあたる女性と、親しく一緒に仕事をする機会をもった。その方が書かれた栄一に関する原稿を本にまとめようという話だった。

老婦人の口からは、敬愛する祖父にまつわる思い出話が次から次へと流れ出たものだが、話を聞き重ねるにつれて、それまでは時代めいた肖像画でしかイメージできなかった「渋沢栄一」という人物の姿が、頭のなかでゆったりと動きだし、リアルに感じられるようになったおぼえがある。

ただ過去の偉人として称揚するだけで終わるのはつまらない。かといって、宗祖のように祀りあげるのもおかしい。彼の言葉は、まさに彼が愛読した『論語』のように、時代を超え、現代にも通じる、実用的な教えや警句にあふれている。

本書をきっかけに渋沢栄一に関心を深めていただければ幸いである。

平成二十二年二月

古川　順弘

●渋沢栄一・略年譜

西暦	和暦	満年齢	おもな出来事	日本の動き
1840	天保11	0	武蔵国榛沢郡血洗島村（埼玉県深谷市血洗島）に、父・市郎右衛門、母・栄の長男として誕生。幼名は市三郎	
1858	安政5	18	尾高惇忠の妹・千代と結婚	
1863	文久3	23	尾高惇忠・渋沢喜作らと倒幕決起を計画するが、直前に中止。喜作とともに京都へ出奔。長女歌子誕生	
1864	元治元	24	一橋家に出仕。関東人選御用	池田屋事件、禁門の変
1867	慶応3	27	徳川慶喜の弟・昭武に従ってフランスに渡航	大政奉還、王政復古
1868	明治元	28	帰国後、静岡に謹慎中の慶喜を訪ねる	江戸開城
1869	2	29	商法会所（後に常平倉）を設立後、明治新政府に呼ばれ、民部省租税正に任じられる。東京・湯島に転居	東京遷都、版籍奉還
1872	5	32	大蔵少輔事務取扱。長男篤二誕生	
1873	6	33	政府首脳と対立し、大輔・井上馨とともに大蔵省を辞職。第一国立銀行の設立に携わり、総監役に就任。日本橋兜町に転居	
1875	8	35	商法講習所（後の一橋大学）の創立に尽力。第一国立銀行頭取	
1876	9	36	東京府より養育院および瓦斯局事務長を申し付けられる。東京会議所（現・東京商工会議所）会頭	西南戦争（1877年）
1882	15	42	妻・千代死去（翌年に伊藤兼子と再婚）	
1887	20	47	東京人造肥料株式会社創立、帝国ホテル理事長	

1890	23	50	貴族院議員に任ぜられる（翌年、辞す）	大日本帝国憲法発布（1889年）
1893	26	53	日本郵船会社取締役、王子製紙会社取締役会長	
1894	27	54	東京瓦斯株式会社取締役会長、札幌麦酒会社取締役会長、東京海上保険会社取締役	日清戦争
1900	33	60	男爵を授与される	
1901	34	61	王子飛鳥山に転居	
1902	35	62	夫人同伴で欧米を漫遊	日露戦争（1904〜05年）
1907	40	67	帝国劇場取締役会長	
1908	41	68	中央慈善協会会長	
1909	42	69	日糖事件。東京瓦斯会社ほか80余の会社・団体より隠退。渡米実業団長としてアメリカに渡航	伊藤博文暗殺
1915	大正4	75	パナマ運河開通記念博覧会見物を兼ねてアメリカに渡航。旭日大綬章を授与される	第一次世界大戦（1914〜18年）
1916	5	76	アメリカから帰国、第一銀行頭取を辞す。『論語と算盤』刊行	
1918	7	78	『徳川慶喜公伝』刊行	米騒動
1920	9	80	子爵を授与される	
1921	10	81	ワシントン軍縮会議視察を兼ねてアメリカに渡航	
1923	12	83	大震災善後会副会長	関東大震災
1929	昭和4	89	昭和天皇と宮中にて陪食	昭和恐慌（1930年）
1931	6	91	11月11日永眠	満州事変

●出典・参考文献

[渋沢栄一語録の出典]

渋沢栄一『航西日記』耐寒同社、明治四年
渋沢栄一『青淵百話』全二巻、同文館、明治四十五年／国書刊行会、昭和六十一年
渋沢栄一『論語と算盤』東亜堂書房、大正五年／角川文庫、平成二十年
渋沢栄一『徳川慶喜公伝』全八巻、竜門社、大正六年／平凡社、昭和四十二〜四十三年
矢野由次郎編『青淵先生訓言集』富之日本社、大正八年／国書刊行会、昭和六十一年
（『渋沢栄一訓言集』）
渋沢栄一『論語講義』二松学舎大学出版部、大正十四年／講談社学術文庫、昭和五十二年
渋沢栄一『青淵回顧録』青淵回顧録刊行会、昭和二年
渋沢秀雄『渋沢栄一』時事通信社、昭和四十年
渋沢秀雄『明治を耕した話』青蛙房、昭和五十二年

＊引用文は、新字・新仮名遣いに統一し、適宜読みにくい漢字をひらがなに開く、などの補正をほどこしてある。

［その他おもな参考文献］

『渋沢栄一伝記資料』全六十八巻、渋沢栄一伝記資料刊行会・渋沢青淵記念財団竜門社、昭和三十〜四十六年
幸田露伴『渋沢栄一伝』渋沢青淵翁記念会、昭和十四年
渋沢秀雄『父渋沢栄一』全二巻、実業之日本社、昭和三十四年
井上宏生『巨いなる企業家・渋沢栄一の全研究』ＰＨＰ研究所、昭和五十八年
渋沢栄一『雨夜譚』岩波文庫、昭和五十九年
坂本藤良『幕末維新の経済人』中公新書、昭和五十九年
土屋喬雄『渋沢栄一』吉川弘文館、平成元年
木村昌人『渋沢栄一——民間経済外交の創始者』中公新書、平成三年
渋沢華子『渋沢栄一、パリ万博へ』国書刊行会、平成七年
渋沢華子『徳川慶喜最後の寵臣・渋沢栄一』国書刊行会、平成九年
佐野眞一『渋沢家三代』文春新書、平成十年
見城悌治『渋沢栄一——「道徳」と経済のあいだ』日本経済評論社、平成二十年
＊「財団法人渋沢栄一記念財団」のホームページ http://www.shibusawa.or.jp/ も適宜参照した。

【監修者紹介】

寺島　実郎(てらしま　じつろう)

1947年、北海道生まれ。早稲田大学大学院政治学研究科修士課程修了後、三井物産に入社。調査部・業務部を経て、ブルッキングス研究所(在ワシントンDC)に出向。米国三井物産ワシントン事務所長、三井物産戦略研究所所長、日本総合研究所理事長、早稲田大学大学院アジア太平洋研究科教授、三井物産常務執行役員等を歴任し、現在は日本総合研究所会長、多摩大学学長、三井物産戦略研究所会長。著書は『新経済主義宣言』(第15回石橋湛山賞受賞、新潮社)、『国家の論理と企業の論理』(中公新書)、『われら戦後世代の「坂の上の雲」』(PHP新書)、『寺島実郎の発言』(Ⅰ・Ⅱ、東洋経済新報社)、『脳力のレッスン』(Ⅰ・Ⅱ、岩波書店)、『二十世紀から何を学ぶか』(上・下、新潮選書)、『世界を知る力』(PHP新書)など、多数。

【著者紹介】

古川　順弘(ふるかわ　のぶひろ)

1970年、神奈川県生まれ。早稲田大学第一文学部卒業。出版社勤務を経て、現在、フリーランスで書籍・雑誌の編集・執筆に従事。宗教・伝統医学から歴史人物まで、幅広いジャンルをこなしている。近年は、幕末から明治期の実業人に注目して活動している。訳書にC.S.ノット『回想のグルジェフ』(コスモス・ライブラリー)などがある。

本書の内容に関するお問い合わせ先
中経出版編集部　03(3262)2124

中経の文庫

渋沢栄一の「士魂商才」

2010年3月25日　第1刷発行

監修者　寺島　実郎（てらしま　じつろう）
著　者　古川　順弘（ふるかわ　のぶひろ）
発行者　杉本　惇

発行所　㈱中経出版
〒102-0083
東京都千代田区麹町3の2　相互麹町第一ビル
電話03(3262)0371(営業代表)
03(3262)2124(編集代表)
FAX03(3262)6855　振替　00110-7-86836
http://www.chukei.co.jp/

DTP／マッドハウス　印刷・製本／錦明印刷

乱丁本・落丁本はお取替え致します。

ISBN978-4-8061-3661-3　C0134

中経の文庫

空海！　感動の人生学

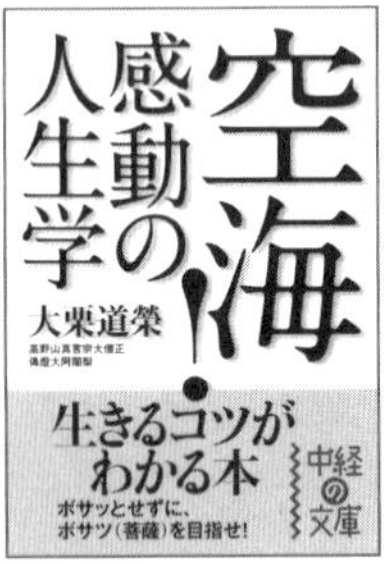

大栗道榮

仏教の修行もビジネスも、同じ人間の行ないである。世の中に会社ができる何千年も前から、仏教者達は「幸せなお金儲け」を追求してきた。「善い行ない」を積み重ねることで、はじめてまっとうな成功が手に入るのだ。

ポケット　般若心経

大栗道榮

あなたは今、仕事のことや将来のこと、家族や職場での人間関係などで悩んでいませんか？　般若心経は、そんなあなたのためのお経です。本文わずか262文字の中に、この世の中の仕組み、ものの道理が説かれているのです！

中経の文庫

指揮官の決断

山下康博

明治35年、八甲田山雪中行軍に挑んだ青森歩兵第5連隊と弘前歩兵第31連隊の二つの部隊。彼らの運命を分けたものは何だったのか？ 弘前隊を成功に導いた指揮官・福島大尉を軸に、その謎の核心にせまる。

勝海舟　強い生き方

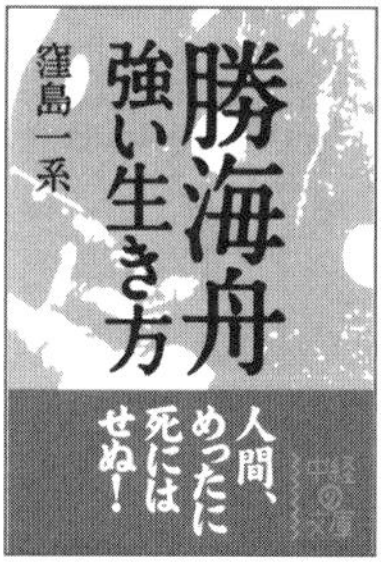

窪島一系

今よりもはるかに難しい状況下を生き抜いた「人生の達人」である海舟の言行は、私たちの心を奮いたたせ、確かな指針を与えてくれる。海舟のエッセンスが味わえる一冊！

中経の文庫

世界でいちばん小さな歯車を作った会社

松浦元男

「世界最小の歯車」で世界のド肝を抜いた樹研工業の社長が語る、独自の経営哲学。先行き不透明な昨今、とにかく前進したいと切望する人たちに贈る“経営と人生の教科書”。

誰も書かなかった　徳川家の経営戦略

武光　誠

“天下人”家康、そして彼の思想を色濃く継承した8代将軍吉宗ら徳川将軍家による治世。“堪忍の心”に徹した彼らの施策に、現代にも通じる人材活用・組織運営のカギがある！